CARL AUER
LebensLust

Achim Schad

Kinder brauchen mehr als Liebe

Klarheit, Grenzen, Konsequenzen

Fünfte Auflage, 2017

Reihengestaltung: Uwe Göbel
Satz: Verlagsservice Hegele, Heiligkreuzsteinach
Printed in Germany
Druck und Bindung: CPI books GmbH, Leck

Fünfte Auflage, 2017
ISBN 978-3-89670-733-8
© 2010, 2017 Carl-Auer-Systeme Verlag
und Verlagsbuchhandlung GmbH, Heidelberg
Alle Rechte vorbehalten

Bibliografische Information der Deutschen Nationalbibliothek:
Die Deutsche Nationalbibliothek verzeichnet diese Publikation
in der Deutschen Nationalbibliografie; detaillierte bibliografische
Daten sind im Internet über http://dnb.d-nb.de abrufbar.

Informationen zu unserem gesamten Programm, unseren Autoren
und zum Verlag finden Sie unter: **www.carl-auer.de**.

Wenn Sie Interesse an unseren monatlichen Nachrichten
aus der Vangerowstraße haben, können Sie unter
http://www.carl-auer.de/newsletter den Newsletter abonnieren.

Carl-Auer Verlag GmbH
Vangerowstraße 14 • 69115 Heidelberg
Tel. +49 6221 6438-0 • Fax +49 6221 6438-22
info@carl-auer.de

Inhalt

Teil 2: Hilfen und Lösungswege

Vorwort

Die Elternschaft stellt hohe Anforderungen in einer Zeit, die gekennzeichnet ist durch starke berufliche und familiäre Belastungen, den Wandel von Lebensumständen und der Pluralisierung von Wertvorstellungen. Kindern geht es heute hinsichtlich materieller Versorgung und individueller Förderung sicherlich besser als je zuvor. Sie erleben auch weniger Gewalt in Familien als früher: Schläge, Drohungen und andere autoritäre Erziehungsmittel werden erfreulicherweise von immer mehr Eltern abgelehnt. Und dennoch: Die heutigen Lebensbedingungen bergen neue Risiken für die Entwicklung der Kinder und die Beziehungen innerhalb der Familie. Der Bedarf an Beratung und Orientierung bei Eltern nimmt zu, die Anmeldezahlen in Erziehungsberatungsstellen und psychologischen Praxen steigen. Schulen klagen über Verhaltensauffälligkeiten, Unkonzentriertheit, Unruhe und die Zunahme von Aggressivität.

Um die heutigen Konflikte und Probleme verstehen und lösen zu können, müssen die Stellung des Kindes in der Familie, die typischen Beziehungsmuster und die Entwicklungsprozesse von Familien in den Blick genommen werden. Es hat sich für die Erziehungsberatung eine systemische Sichtweise bewährt, die weniger das einzelne Kind oder die einzelne erziehende Person (zumeist die Mutter) als »problematisch« begreift, sondern die das »System Familie« betrachtet, mit dem Ziel, problematische Strukturen und Kreislaufprozesse in der Familienkommunikation aufzudecken. »Aus den Fugen« geratene Strukturen, doppelte Botschaften und sogenannte »Teufelskreise« in der Kommunikation produzieren Probleme, die als »schwierige Kinder«, »schwache Mütter« oder »hilflose Eltern« wahrgenommen werden.

Die nachfolgende Darstellung typischer Problemmuster und Lösungswege erhebt keinen Anspruch auf Vollständigkeit; sie beleuchtet jedoch die heute vorherrschenden Einflussfaktoren für Erziehungsschwierigkeiten und beschreibt Verhaltensstrategien, die Eltern darin unterstützen, gewaltfrei zu erziehen und dennoch den Kindern klare Grenzen aufzuzeigen.

Der vorliegende Ratgeber ist im Kontext von Elternseminaren entstanden, die ich seit über 20 Jahren durchführe. An dieser Stelle möchte ich allen Familien, Eltern und vor allem Müttern danken, die offen ihre Probleme benennen und konstruktiv an Lösungen mitarbeiten. Sie tragen dazu bei, dass Therapeuten wie ich Probleme besser verstehen, Lösungen erarbeiten und die gewonnenen Erkenntnisse anderen Familien zugänglich machen können.

Wuppertal, Dezember 2009
Achim Schad

Teil 1: Stolpersteine der Erziehung

Macht, Gewalt und Zwang in der Erziehung: Eine Begriffsentwirrung

Jonas wird von seinem Papa vom Kindergarten abgeholt. Zu Hause angekommen, möchte der Vater, dass der Junge sich duscht und umzieht, da er offenbar an diesem Tag viel draußen herumgetobt hat. Er sagt zu Jonas, der bereits an der Garderobe fragt, ob er gleich mit ihm spielt: »Na, meinst du nicht, du solltest vielleicht erst einmal duschen?«

Die Antwort kommt prompt: »Nein, das brauche ich nicht«, und Jonas zieht den Papa Richtung Kinderzimmer. Nun beginnt ein längerer Disput.

Der Papa sagt: »Schau mal, wie du aussiehst! So kannst du doch nicht in der Wohnung spielen!«

Jonas antwortet, nachdem er die Händchen an den Hosenbeinen abgewischt hat: »Doch, guck mal, meine Hände sind gar nicht mehr schmutzig.«

Papa: »Komm, du hast den ganzen Tag draußen gespielt und bist ziemlich schmutzig. Du musst duschen. Und umziehen solltest du dich auch.«

Jonas, inzwischen im Kinderzimmer angekommen, ignoriert die Aufforderung und zieht den Papa zur Legokiste: »Papa, baust du mir eine Garage für meine Autos?«

Der Vater (inzwischen in gereiztem Ton): »Jonas, los, komm jetzt mit ins Bad, du machst hier alles schmutzig!«

Der Junge reagiert bockig, weigert sich, das Kinderzimmer zu verlassen, und wirft sich auf den Boden. Er beginnt zu schreien und um sich zu treten, als der Vater ihn an der Hand hochziehen will, um mit ihm ins Badezimmer zu gehen. Der Vater lässt von Jonas ab und geht ratlos aus dem Kinderzimmer.

Gewaltfrei zu erziehen muss oberstes Ziel für alle sein, die Verantwortung für Kinder tragen. Im Zuge der allgemeinen Verunsicherung über den »richtigen« Umgang mit Kindern sind einige Begriffsverwirrungen entstanden, die um das Thema Gewalt in der Erziehung kreisen.

Viele Fragen tun sich auf: Ist der Klaps auf Hand oder Po schon »Gewalt«? Ist der Wutausbruch, verbunden mit Schreien, Schimpfen und abwertenden Äußerungen dem Kind gegenüber weniger schlimm als die im Affekt erteilte Ohrfeige? Dürfen Eltern Zwang ausüben? Wie bringen sie ohne Gewaltanwendung ihr Kind zu Verhaltensweisen, die es nicht einsieht?

Gewalt in der Kindererziehung

Folgende Passage aus Astrid Lindgrens Dankesrede »Niemals Gewalt!« anlässlich der Verleihung des Friedenspreises des Deutschen Buchhandels am 22. Oktober 1978 in der Frankfurter Paulskirche bringt es auf den Punkt:

»Jenen, die jetzt so vernehmlich nach härterer Zucht und strafferen Zügeln rufen, möchte ich das erzählen, was mir einmal eine alte Dame berichtet hat.

Sie war eine junge Mutter, als ihr kleiner Sohn etwas getan hatte, wofür er ihrer Meinung nach eine Tracht Prügel verdiente, die erste in seinem Leben. Sie trug ihm auf, in den Garten zu gehen und selber nach einem Stock zu suchen, den er ihr dann bringen sollte. Schließlich kam er weinend zurück und sagte: ›Ich habe keinen Stock finden können, aber hier hast du einen Stein, den kannst du ja nach mir werfen.‹ Da aber fing auch die Mutter an zu weinen, denn plötzlich sah sie alles mit den Augen des Kindes. Das Kind musste gedacht haben, ›meine Mutter will mir wirklich weh tun, und das kann sie ja auch mit einem Stein‹. Sie nahm ihren kleinen Sohn in die Arme. Dann legte sie den Stein auf ein Bord in der Küche, und dort blieb er liegen als ständige Mahnung an das Versprechen, das sie sich in dieser Stunde gegeben hatte: ›Niemals Gewalt!‹«

Die »körperliche Züchtigung«, wie sie die traditionelle autoritäre Erziehung kennt, basiert auf dem alttestamentarischen Grundsatz: »Wer seine Kinder liebt, der züchtigt sie.« Die Bestürzung der Mutter, deren Sohn diese Züchtigung als eine Handlung begreift, die ihn gezielt verletzen soll, führt sie zum Umdenken.

Auch heute wollen die wenigsten Eltern ihre Kinder verletzen. Sie schlagen, schreien und drohen weder aus der Überzeugung heraus, dass dies die geeignete Form sei, Kinder positiv zu beeinflussen, noch um ihnen zu schaden – sondern sie verhalten sich so aus Hilflosigkeit, Ohnmacht oder weil sie möglicherweise als Kind selbst so behandelt worden sind. Diese Gewalt erfolgt nicht planvoll, sondern im Affekt, oftmals mit dem schalen Nachgeschmack, versagt zu haben.

Grenzen setzen, ohne zu verletzen

Wenn Eltern Grenzen setzen, üben sie Zwang aus. Zwang bedeutet: Es geschieht etwas gegen den Willen des Kindes. Streng genommen beginnt der Zwang schon da, wo das Kind nicht zustimmt (oder zustimmen kann).

Die Eltern entscheiden von Geburt des Kindes an ohne dessen Zustimmung alles Erdenkliche für ihren Nachwuchs, üben also streng genommen Zwang aus: In welchem Land wird das Kind geboren, wo wächst es auf? Welche Sprache erlernt es? Wohnen Mutter und Vater zusammen? Gibt es Geschwister? In welchem Glauben wird das Kind erzogen? Auch machen Eltern von Anbeginn die Erfahrung, dass sie Dinge gegen den Willen des Kindes tun müssen (ärztliche Behandlungen, Schutzmaßnahmen, Einschränkungen verschiedenster Art). Würden die Eltern alle Willensbekundungen und spontanen Wünsche des Kindes zur Richtschnur elterlichen Handelns erklären, wären sie (auch bei nur einem Kind) schnell überfordert und nicht mehr in der Lage, den Alltag zu bewältigen. Diese Orientierung an dem sich entwickelnden kindlichen Willen würde zudem eine völlige Überforderung des Kindes mit sich bringen. Es würde völlig plan- und ziellos handelnde Eltern erleben, die sich an einem Kind orientieren, das selbst umfassende Orientierung braucht. Folglich dürfen die Begriffe »Gewalt« und »Zwang« nicht in einem Atemzug genannt werden, was jedoch häufig geschieht.

Im Zusammenhang des bisher Dargelegten ist die Frage nach der »Macht« der Eltern klar zu beantworten. Das Unbehagen von Eltern, Erziehern und Pädagogen zuzugeben, dass sie Macht aus-üben, hängt mit den Vorstellungen von Unterdrückung und Ge-walt zusammen, die in diesem Begriff mitschwingen.

Macht in Beziehungen heißt jedoch vor allem anderen, dass es ein Gefälle gibt, dass keine gleichberechtigte Beziehung vor-liegt, sondern dass die Beziehungen durch Hierarchien bestimmt sind. Es gibt ein Oben und ein Unten. »Oben« wird bestimmt, was »unten« geschieht. Diese Macht kann verantwortungs-bewusst, zum Wohle derer, für die entschieden wird, ausgeübt werden – oder aber ausbeutend, vernachlässigend, verletzend zum Schaden dieser Personen (weshalb Macht immer begrenzt und kontrolliert werden sollte). Macht ist also mit der elterli-chen Rolle zwangsläufig verbunden und muss offen themati-siert werden, damit sie verantwortungsbewusst ausgeübt werden kann.

Die Zwangsläufigkeit, dass Eltern über ihre Kinder bestim-men, beinhaltet jedoch nicht, dass sie alles entscheiden, kon-trollieren und steuern sollten: Die Eltern müssen entscheiden, was ihre Kinder entscheiden dürfen. Dabei können sie durch-aus sehr großzügig sein und den Rahmen sehr weit stecken. Sie können auch sagen: »Lass uns diskutieren, ich will erst dann entscheiden, wenn du überzeugt bist.« Sie können sich so verhalten, wenn sie diese Einstellung wirklich vertreten, ohne es den Kindern übel zu nehmen, wenn sich diese nicht überzeugen lassen oder die Überzeugungsarbeit viel Zeit und Kraft erfordert. Entscheidend ist bei und vor allem, dass die Eltern aufrichtig sind.

Merke

- Als Eltern können wir unsere Kinder sehr viel entscheiden lassen und über sehr viele Entscheidungen diskutieren, nur müssen wir dann auch mit den Konsequenzen einverstanden sein.
- Eltern *können* so handeln, sie *müssen* es aber nicht, um »gute« Eltern zu sein.
- Eltern müssen auch in der Lage sein, gegen den Willen bzw. ohne die Zustimmung der Kinder zu entscheiden und ohne ein schlechtes Gewissen zu haben.
- Sicherlich ist es ratsam, die Entscheidungsspielräume für Kinder nicht zu eng zu bemessen, jedoch: Wie auch immer der Rahmen gesteckt wird, die Eltern müssen das entscheiden und verantworten, nicht die Kinder.

Dieses Buch will dazu beitragen, Eltern aufzuzeigen, wie sie ihre Kinder gewaltfrei erziehen und zugleich von den Kindern als stark, entschlossen und entscheidungsfähig erlebt werden können.

Lea fällt es schwer, sich abends von Mama und Papa zu verabschieden und nach der Gute-Nacht-Geschichte einzuschlafen. Immer wieder kommt sie aus dem Zimmer, und es ergeben sich allabendliche Diskussionen mit den Eltern:

»Ich kann nicht einschlafen!«

»Du hast es ja noch gar nicht versucht.«

»Doch, aber ich bin noch nicht müde.«

»Du hast aber ganz müde Augen, mein Schatz.«

»Ich kann aber nicht einschlafen, außerdem habe ich Durst.«

»Na gut, aber trink nicht zu viel, sonst musst du gleich wieder auf die Toilette.«

Der Tipp war gut, aber Lea wäre auch ohne Mamas Hilfe auf diesen nächsten Anlass gekommen, nochmals aufzustehen. Nachdem auch der Toilettengang absolviert ist, steht Lea kurz darauf wieder im Wohnzimmer.

»Ich kann immer noch nicht schlafen, komm doch noch mal kuscheln.« Die Mama kann der Tochter den Wunsch nicht abschlagen, nach zehn Minuten versucht sie es wieder, sich vom Kind zu verabschieden. Lea folgt ihr jedoch ins Wohnzimmer.

»Ihr sitzt hier zusammen, und ich bin ganz allein in meinem Zimmer.«

Auch der Papa hat Verständnis und sagt: »Dann setzt dich noch einen Moment zu uns.«

Das Zubettgehritual zieht sich inzwischen über eine Stunde hin, den Eltern wird es langsam zu viel. Da macht Lea ein Angebot: »Darf ich in eurem Bett einschlafen?«

Die Eltern sehen darin eine Chance, dass die Tochter im Bett bleibt und schnell einschläft, und stimmen zu. Lea ist zufrieden, und die Mutter bringt die Kleine mit ihrem Bettzeug ins Elternschlafzimmer.

Als sie das Schlafzimmer wieder verlassen will, ruft Lea: »Wann kommt ihr denn ins Bett?«

Die Mutter verspricht der Tochter: »Wir kommen auch bald ins Bett, schlaf du schon mal ein.«

Als die Eltern wieder im Wohnzimmer sitzen, schallt aus dem Schlafzimmer die Frage herüber: »Mama, wann kommt ihr denn nun ins Bett?«

Diese Situation ist ein typisches Beispiel für die elterliche Erwartung, man könne durch Verhandeln mit Kindern einvernehmliche Lösungen finden. So wie in diesem Beispiel machen Eltern jedoch oft die frustrierende Erfahrung, dass nervenaufreibende Endlosdiskussionen zu keinem befriedigenden Ergebnis führen.

Lösung

Die »Ping-Pong«-Diskussion ist eine Einladung an das Kind, mit den Eltern zu verhandeln. Schon der erste Satz der Tochter (»Ich kann nicht einschlafen!«) darf nicht diskutiert werden, sondern Lea sollte unmissverständlich zu hören bekommen, was von ihr erwartet wird.

»Leg dich bitte wieder ins Bett, für heute ist Schluss.«

»Ich bin aber noch gar nicht müde.«

»Leg dich bitte wieder ins Bett.«

»Ich kann aber nicht einschlafen«

»Dann bleib eben noch etwas wach, aber du kommst nicht mehr aus dem Bett.«

Diese Sätze sollten ruhig und in freundlichem Ton gesagt werden. Wichtig ist, dass auf die Argumente nicht eingegangen, sondern dem Kind klar gezeigt wird, dass es keine Aufmerksamkeit mehr durch lange Diskussionen und Verhandlungen erhält, sondern für heute der Abschied von den Eltern erfolgt. Der beispielhafte Dialog folgt der Regel: Nicht mit dem Kind diskutieren, sondern dessen Verhalten kommentieren.

Wenn das Kind auf diese Aufforderung immer noch nicht reagiert, sollte es ruhig in sein Zimmer gebracht werden. Kommt das Kind wieder zurück, wird es so lange ins Zimmer gebracht, bis es dort bleibt.

Wodurch entstehen Erziehungsprobleme?
Die Stellung des Kindes in der Familie

Vom »Befehlen« zum »Verhandeln«

Die moderne Familie unterscheidet sich in ihrer Struktur fundamental von der traditionellen Familie. Dort basierte die Eltern-Kind-Beziehung auf dem Prinzip von »Befehl und Gehorsam«, die Grenze zwischen den Generationen war klar und deutlich. Im Laufe der vergangenen Jahrzehnte ist diese Hierarchie zunehmend verflacht und manchmal kaum mehr wahrnehmbar. Es ist eine quasi »partnerschaftliche« Haltung der Eltern gegenüber ihren Kindern zu beobachten, die bisweilen bewusst angestrebt, meistens jedoch eher unbewusst eingenommen wird. Das äußert sich z. B. darin, dass wir Kinder in Situationen nach ihrer Meinung oder ihren Wünschen fragen, in denen wir sie eigentlich lieber beauftragen oder auffordern möchten.

Allgemein kann von einer Beziehung gesprochen werden, in der vieles »verhandelt« wird. Die Bedürfnisse der Eltern und die der Kinder treffen aufeinander. Da, wo es zu Konflikten kommt, müssen Kompromisse und Vereinbarungen ausgehandelt werden. Das kann auch zur Zufriedenheit aller Beteiligten gelingen. Es ist möglich, in der Familie eine Streit- und Verhandlungskultur zu entwickeln, in der die Kinder eigene Vorstellungen einbringen können und Eltern mit ihnen Vereinbarungen treffen, die von allen akzeptiert werden.

Da, wo diese Verhandlungen allerdings mit kraft- und zeitraubenden Diskussionen, Streit und Machtkämpfen verbunden sind, wo diese Machtkämpfe die Kommunikation zunehmend bestimmen, beginnen Kampfbeziehungen, die Eltern und Kinder stark belasten. Diese Kampfbeziehungen sind an folgenden Merkmalen zu erkennen:

- Das Kind wird als »aggressiv« und »dominant« erlebt.
- Das Kind wird als »rastlos« und »hyperaktiv« beschrieben.
- Das Kind wird als »fordernd«, »unzufrieden« und »launisch« erlebt.
- Das Kind wird als »jähzornig«, »wild« und »schnell frustriert« beschrieben.
- Die Eltern verhalten sich anklagend und vorwurfsvoll dem Kind gegenüber.
- Die Eltern lassen sich in endlose Diskussionen mit dem Kind verwickeln.
- Die Eltern geben resigniert und frustriert den Forderungen des Kindes nach.
- Die Eltern reagieren mit Schuldgefühlen auf Unzufriedenheit und Vorwürfe des Kindes.
- Die Eltern buhlen um Zuneigung und Anerkennung von Seiten des Kindes.
- Die Eltern erleben sich als hilflos gegenüber den Wutausbrüchen des Kindes.

Wie ist es zu erklären, dass Kinder heute eine so mächtige Stellung in der Familie einnehmen und dass trotz Nachgiebigkeit, Diskussionsbereitschaft und liebevoller Zuwendung die Eltern-Kind-Beziehung derart belastet ist?

Es ist immer das Gleiche. Kaum telefoniert Frau S., was gar nicht so häufig vorkommt, erscheinen Lena und Luca, stellen unaufschiebbare Fragen, melden dringende Bedürfnisse an oder haben ein wichtiges Anliegen, sodass das Telefonat schnell beendet werden muss: »Mit wem telefonierst du?« –

»Mama, ich habe Durst!« – »Der Luca ärgert mich immer!« Ebenso ergeht es ihr und ihrem Mann, wenn sie während des Abendessens in Gegenwart der Kinder ein Gespräch beginnen. Nach wenigen Sätzen werden sie von den Kindern unterbrochen, die geschickt mit Fragen, Bitten oder Wünschen die Aufmerksamkeit auf sich lenken.

Versuche, die Kinder zu ignorieren, führen regelmäßig zu massiveren Störungen. Die Kinder beginnen zu streiten, schreien laut oder wenden sich pausenlos mit Fragen an die Eltern, sodass die Fortsetzung des Gesprächs unmöglich wird und die Eltern sich wieder den Kindern zuwenden müssen. Auch wenn diese Zuwendung mit Schimpfen und Drohen verbunden ist, haben die Kinder ihr Ziel, wieder das Zentrum der Aufmerksamkeit zu sein, erreicht. Die Eltern sind ganz erstaunt darüber, aus der Schule und dem Kindergarten die Rückmeldung zu bekommen, dass beide Kinder dort als völlig problemlos wahrgenommen werden.

Diese Situation ist ein typisches Beispiel für die Mittelpunktstellung der Kinder in der heutigen Familie. Das Kind fordert die unausgesprochene Familienregel ein: »Wenn hier gesprochen wird, dann mit mir!« Wenn Eltern diese Regel verletzen, ziehen die Kinder alle Register, um das vertraute Kommunikationsmuster wiederherzustellen.

Was ist zu tun? Der Kreislauf, dass das Kind durch negatives Verhalten wieder Aufmerksamkeit und Zuwendung erhält, muss durchbrochen werden. Die Eltern müssen wieder in der Lage sein, ihr Gespräch fortzusetzen.

Lösung

Die Eltern bieten Lena und Luca die Wahl zwischen zwei Wegen:

A) Sie lassen die Mutter telefonieren/die Eltern miteinander sprechen und können im Raum bleiben.

B) Sie stören weiterhin und werden in ihre Zimmer verwiesen, wo sie bleiben, bis die Eltern ihre Gespräche beendet haben.

Wenn die Kinder sich für Weg B entschieden haben, muss die Zimmergrenze eingehalten werden. Verlassen die Kinder ihre Zimmer, werden sie wieder dorthin geschickt mit der Ankündigung: »Wenn ihr noch einmal herauskommt, schließen wir die Türen ab.«

Vor diesem Schritt schrecken viele Eltern zurück. Das ist verständlich, da mit der Vorstellung, Kinder würden eingeschlossen, gefängnisartige Zustände in Kinderheimen des vorigen Jahrhunderts assoziiert werden. Nun muss man allerdings die Situation unbefangen betrachten. Das Kinderzimmer ist ein für das Kind ideal eingerichteter Raum, keine karge Zelle. Das Kind hat die Wahl, es kann im Zimmer bei den Eltern bleiben, wenn es deren Bedürfnisse respektiert. Wird das Kind zurück ins Zimmer geschickt, hat es diese Entscheidung selbst provoziert. Bleibt es nun im Zimmer, muss die Türe nicht einmal geschlossen, geschweige denn verschlossen werden. Ist das aber doch der Fall, so wurde dies wiederum vom Kind provoziert, indem es die von den Eltern gezogene Grenze ignoriert hat und die Bedürfnisse der Eltern nicht zu respektieren bereit ist. Kinder, die ihre Eltern zwingen, die Kinderzimmertür vorübergehend abzuschließen, haben keine Angst vor der verschlossenen Tür (ansonsten würden sie diesen Schritt nicht provozieren), sondern sie wollen die Bedürfnisse und Entscheidungen der Eltern nicht akzeptieren.

So gut wie alle Eltern, die darin unterstützt werden müssen, sich notfalls mit dieser »Verschlusstechnik« für eine kurze Zeit (ca. 30 Minuten) von ihren Kindern abzugrenzen, haben Kinder mit »tyrannischen« Verhaltensmustern.

Das Kind als »Dirigent«

Das Kind ist rar und damit »kostbar« geworden für die Familie. Die erzieherischen Anstrengungen konzentrieren sich auf ein bis zwei Kinder. Sie stehen im Mittelpunkt der Familie: Ihnen soll eine optimale Entwicklung ermöglicht werden, ihnen gilt alle Aufmerksamkeit und Liebe, auf ihnen ruhen alle Hoffnungen und Erwartungen.

Das entspricht dem gesellschaftlichen Blick auf das Kind. In den vergangenen 30 bis 40 Jahren haben die Erziehungswissenschaften ihren Fokus auf das Kind gerichtet mit den Fragestellungen:

- Was braucht ein Kind, um sich optimal zu entwickeln?
- Wie kann ein Kind gefördert werden?
- Wie werden Eltern und Pädagogen dem Kind gerecht?

Die Mittelpunktstellung entspricht auch der Wahrnehmung des Kindes. Es macht überwiegend die Erfahrung, dass die Mutter (bzw. der Vater oder andere Betreuungspersonen) sich primär auf das Kind bezieht. Die Kleinfamiliensituation lässt Mutter-Vater-Interaktionen oder andere Erwachsenen-Interaktionen in Gegenwart des Kindes zur Ausnahme werden. Mutter-Kind-Interaktionen bestimmen den Familienalltag. Insofern ist es eine typische Erfahrung von Eltern, dass ihre Kinder Gespräche zwischen den Eltern torpedieren und versuchen, wieder ins Zentrum der elterlichen Aufmerksamkeit zu gelangen, die Kommunikation sternförmig auf sich zu konzentrieren. Sozusagen »randständig« Beobachter von Elternkommunikation bzw. Erwachsenenkommunikation zu sein, ist mit der zentralen Position, in der sich das Kind wahrnimmt, kaum vereinbar.

Diese Mittelpunktstellung impliziert, dass viele Abläufe innerhalb der Kleinfamilie zunehmend vom Kind gesteuert werden. Nicht mehr nur die zu berücksichtigenden elementaren Bedürfnisse der Kinder und die Erfordernisse ihrer Versorgung bestimmen den Tagesablauf, sondern spontane Impulse, zufällige Willensäußerungen, wechselnde Stimmungen und kindliche Eigenwilligkeiten erhalten häufig in dieser zentralen Position eine übertriebene Aufmerksamkeit und finden zu große Berücksichtigung von Seiten der Eltern.

Zur Verdeutlichung sei eine Situation beschrieben, die je nach Rahmenbedingung verschieden abläuft.

1. Eine Kindergartengruppe plant für den nächsten Tag einen Schwimmbadbesuch. Ein Kind hat plötzlich keine Lust und möchte nicht mit. Dennoch wird es mitgenommen (und ihm gefällt es möglicherweise doch im Schwimmbad).

2. Eine Mutter plant mit ihrem Kind den gleichen Ausflug. Kurz vor dem Start äußert das Kind Unlust. Die Mutter, ein quengelndes Kind im Schwimmbad vor Augen, bleibt zu Hause. Möglicherweise fragt sie das Kind auch noch, was es denn stattdessen lieber machen würde.

Solche typischen Situationen führen nicht selten dazu, dass Kinder die Führung in der Familie übernehmen. Sie werden mit einer »Macht« ausgestattet, die mit dem Verlust der elterlichen Autorität einhergeht. Obwohl Kinder scheinbar diese Position zu behaupten versuchen, leiden sie und sind mit dieser Leitungsfunktion völlig überfordert.

Überforderte »Chefs«

Wie zeigt sich diese Überforderung des Kindes, das doch offensichtlich aktiv um die Durchsetzung seiner Wünsche und Interessen kämpft?

Das Neugeborene ist mit einem enormen Entwicklungspotenzial (großer Neugier, spielerischer Experimentierfreude und unermüdlichem Lerneifer) ausgestattet. Dies ermöglicht es ihm, innerhalb weniger Jahre unvorstellbare Lernfortschritte zu machen und seine komplexen Erfahrungen emotional, sozial und kognitiv zu verarbeiten. Es nimmt die Umwelt nicht passiv auf, sondern eignet sie sich aktiv an. Um diese Leistungen vollbringen zu können, muss das Kind unermüdlich nach vorn drängen: untersuchen, probieren, wiederholen und Widerstände überwinden, es darf sich von Hindernissen und Schwierigkeiten nicht entmutigen und stoppen lassen. Ein Kind, das bei den ersten Gehversuchen scheitert, würde, wenn es diese Grenze akzeptierte, sein Leben lang im Vierfüßlerstand verharren. Diese die menschliche Entwicklung vorantreibende Kraft ist mit dem bekannten Satz gemeint: »Grenzen sind dazu da, überwunden zu werden.«

Das dynamische Entwicklungspotenzial bedarf jedoch klarer Strukturen und Rahmenbedingungen. So wie das wachsende verbale Mitteilungsbedürfnis Sprachstrukturen und Personen benötigt, die es dem Kind ermöglichen, Sprachmuster zu erlernen und Ordnung in das Chaos der Laute, Zeichen und sonstigen sprachlichen Botschaften zu bringen, so sind in allen Entwicklungsbereichen klare Strukturen wie auch Personen erforderlich, die dem Kind Orientierung und Sicherheit geben.

Insofern müssen die Grenzen, die die Eltern setzen (zur Orientierung und zum Schutz der Kinder, zum Schutz vor eigener Überforderung und um Unterforderung beim Kind zu verhindern), verlässlich und klar sein. Kinder suchen die Stärke der

Erwachsenen, zuallererst der Eltern, und finden in ihnen Halt und Sicherheit. Werden Eltern als schwach, wankelmütig und orientierungslos wahrgenommen, versuchen Kinder den Halt in sich selbst zu finden, womit sie jedoch hoffnungslos überfordert sind.

Diese Überforderung äußert sich in dem steten Bemühen, das Umfeld zu kontrollieren. Der verzweifelte Versuch, die Kontrolle über die Umgebung – und hier als Erstes über die Eltern – zu bekommen, führt zu Verhaltensweisen, die wir als tyrannisches Verhalten, Trotz, extreme Eigenwilligkeit und Aggressivität wahrnehmen. Die Verunsicherung dieser Kinder zeigt sich manchmal darin, dass tyrannische Kinder außerhalb der Familie verschüchtert, anhänglich und der Ansprache unzugänglich sind, weil die häuslichen unangemessenen Beziehungsmuster nicht mehr funktionieren und über die Eltern nicht mehr bedingungslos verfügt werden kann.

Was schwächt die Eltern?

In den familiären Beziehungen spielen mehrere Faktoren eine Rolle, die es den Kindern erschweren, ihre Eltern zu achten, sie als stark, selbstbewusst und als Vorbild wahrzunehmen.

Der »Anwalt des Kindes« in den Köpfen der Eltern

Eltern, insbesondere Mütter, haben oft ein schlechtes Gewissen, wenn sie ihren Kindern etwas versagen und ihren Wünschen und Ansprüchen nicht in dem von den Kindern geforderten Maß nachkommen (können).

Für das Kind, dessen Förderung die letzte verbliebene Aufgabe der Kleinfamilie ist, das oftmals herbeigesehnt wurde und für dessen Erziehung man berufliche Entwicklungsmöglichkeiten verworfen hat, ist das Beste gerade gut genug. Jede kindliche Äußerung von Unzufriedenheit, Enttäuschung, Ärger und Wut infolge einer Grenzziehung oder Versagung durch die Eltern ruft einen inneren »Anwalt des Kindes« auf den Plan und mahnt die prompte Erfüllung der geäußerten Wünsche, Willensbekundungen und Ansprüche an.

Der Anwalt des Kindes als innere Instanz ist selbstverständlich grundsätzlich berechtigt. Er ist Ausdruck elterlichen Einfühlungsvermögens und hilft, die kindlichen Bedürfnisse angemessen zu berücksichtigen. Doch er hat auch eine kontraproduktive Kehrseite.

Ausgetrickst

Jeder kennt das: Wenn wir einem Kind mit einem Nein eine Grenze setzen und gleichzeitig über den »kleinen Schlingel« lächeln, weiß das Kind sofort, dass es unser Nein nicht ernst nehmen muss, da sich der nachsichtige Anwalt des Kindes in unserem Gesicht widerspiegelt. Er signalisiert, dass das Kind nur noch ein wenig bohren muss, bis es seinen Willen am Ende doch bekommen wird.

Kommen Eltern diesem Appell jedoch nicht nach, so meldet sich das schlechte Gewissen zu Wort: War das Nein wirklich nötig? Hätte ich nicht geduldiger sein können? Will ich mich meinem Kind einfach entziehen?

Kinder verfügen nur über einen einzigen Maßstab, der ihnen einschätzen hilft, ob sie genug bekommen: die Eltern. Wenn nun das schlechte Gewissen die Eltern in ihrer Einschätzung und in ihrem Verhalten unsicher wirken lässt, halten die Kinder ihre Ansprüche und die Erfüllung ihrer Wünsche für angemessen – denn offenbar haben ja auch die Eltern Probleme damit, dass sie ihnen etwas »schuldig« bleiben. Kinder nehmen diesen Anwalt sehr sensibel wahr.

Die Berufstätigkeit der Mütter, eine Trennung oder Scheidung und eigene erlebte Entbehrungen als Kind wecken bei den Eltern oft Schuldgefühle und falsches Mitleid den Kindern gegenüber. Eine Wiedergutmachung in Form von übertriebener Nachgiebigkeit, schwacher Abgrenzung und einer »Dienstleistungsmentalität« dem Kind gegenüber sind Versuche, das chronisch schlechte Gewissen zu beschwichtigen und dem zu kurz gekommenen eigenen inneren Kind Genüge zu tun.

Zwei Seelen in der Brust

Die skizzierte gesellschaftliche Entwicklung weg von der autoritären Erziehung führt zu einer Dynamik im elterlichen Verhalten, die ebenfalls ein schlechtes Gewissen verursacht.

Die Auflösung traditioneller Werte und Verhaltensmuster mündet heutzutage in eine Meinungs- und Wertevielfalt in den elementaren Fragen über Kindererziehung und familiäre Lebensformen. Verunsicherung, Neuorientierung und Experimentierverhalten hinsichtlich der Fähigkeiten der Kinder zur »Selbstbestimmung« prägen die Eltern-Kind-Beziehungen. Und auch die Fach- und Ratgeberliteratur bietet ein breites Spektrum an Auffassungen und Empfehlungen, deren Fülle und Unterschiedlichkeit oftmals die Verunsicherung und Desorientierung vergrößern und bei den Eltern Versagensängste hervorrufen.

Darüber hinaus lehnen manche Eltern die an sich selbst erfahrene Pädagogik als zu »autoritär« ab. Und schon stecken sie in einem Dilemma: Sie möchten ein Verhalten, das sie vorgelebt bekamen und somit gelernt haben, vermeiden, um ein idealisiertes »partnerschaftliches«, kindorientiertes Verhalten zu praktizieren, das sie nie lernen konnten und von dem keine konkreten Vorbilder existieren. Der nun beginnende Teufelskreis lässt sich wie folgt beschreiben: Die Eltern sind übertrieben kindorientiert und nachgiebig bis hin zur Selbstverleugnung – so lange, bis ihnen der Kragen platzt und das gelernte autoritäre Verhalten hervorbricht. Wenn die Wut verpufft ist, melden sich dann die Schuldgefühle zu Wort. Reue ist angesagt, die wiederum zu übertriebener Kindorientierung, Nachgiebigkeit und Selbstverleugnung führt. Und das Ganze beginnt von vorn …

Der zwangsläufig immer wieder erlebte »Rückfall« in die erlernten, innerlich abgelehnten Verhaltensweisen löst ein schlechtes Gewissen, Versagensgefühle und Wut auf die Kinder aus, die es den Eltern so schwer machen, ihr eigenes Ideal von Elternschaft zu leben.

»Bündnispartner« des Kindes

Der Anwalt des Kindes im Kopf ist nicht der einzige problematische Bündnispartner des Kindes. In der Familie gibt es diese Bündnispartner auch in leibhaftiger Person.

Wenn ein Elternteil das Erziehungsverhalten des anderen nicht akzeptieren kann, es unterschwellig missbilligt oder offen kritisiert, entsteht ein Bündnis zwischen Vater und Kind gegen die Mutter oder umgekehrt zwischen Mutter und Kind gegen den Vater. In solchen Fällen sitzt das Kind gleichsam auf der Schulter eines Elternteils und schaut auf den anderen Elternteil hinab. Diese Koalitionen über Generationengrenzen hinweg können auch zwischen Großeltern und Enkelkindern gegen die Eltern entstehen, mit der Folge, dass die Kinder die Achtung vor den Eltern verlieren, aus Liebe zu den Großeltern, die den Enkeln signalisieren, für wie untauglich sie die Eltern halten. Solche Bündnisse führen manchmal zu eskalierenden Kreislaufprozessen mit gravierenden negativen Folgen für alle Beteiligten.

Ein zuverlässiger »Teamtest«, mittels dessen die mangelnde Kooperation von Eltern ermittelt werden kann, ist leicht durchzuführen: Wenn die Kinder in Gegenwart *beider* Eltern schwieriger zu lenken sind, sie sich weniger an Regeln halten, Grenzen ignorieren und sich respektloser verhalten als in Gegenwart *eines* Elternteils, erleben die Kinder ihre Eltern als uneinig und im Konflikt miteinander.

Bei chronischen Elternkonflikten eskalieren die Machtkämpfe mit Kindern in Gegenwart beider Eltern fast regelmäßig. Beispielhaft sei hier ein Eskalationsprozess skizziert, der die

Polarisierung zwischen den Eltern und die fatalen Folgen für das Kind deutlich macht.

Eine Familie (Mutter, Vater, elfjähriger Sohn) nimmt regelmäßig die Abendmahlzeit gemeinsam ein. Der Junge missachtet die elementarsten Benimmregeln (er schmatzt, sein Essen fällt regelmäßig von der Gabel, teilweise sogar aus dem Mund, zurück auf den Teller). Der Vater maßregelt den Jungen mehrmals. Der Sohn ignoriert den Vater. Als dieser energischer wird, schaltet sich die Mutter ein, mäßigt den Vater und verteidigt den Jungen mit der Bemerkung, er gebe sich Mühe, und sie wolle ohne Streit das Abendessen einnehmen. Dieser Ablauf wiederholt sich in ähnlicher Form mehrmals. Das Verhalten des Sohnes verschlimmert sich, da er sich von der Mutter unterstützt fühlt, sodass er meint, deshalb die Maßregelung des Vaters nicht ernst nehmen zu müssen.

Darüber hinaus kann er durch dieses provokative Verhalten erreichen, dass der Vater sich in einer Weise verhält, die von der Mutter kritisiert wird. Der Ärger des Vaters steigert sich zur Wut, da er vom Sohn nicht ernst genommen und von der Frau kritisiert wird. Er reagiert immer gereizter und aggressiver auf den Jungen. Die Mutter findet die Reaktion des Mannes immer unangemessener und stellt sich immer schneller und häufiger demonstrativ auf die Seite des Kindes. Die Situation eskaliert, und ein chronischer Elternkonflikt mit einem verhaltensauffälligen Kind ist das Resultat.

Ursachen für Eltern-Kind-Koalitionen

Uneinigkeit und Machtkämpfe zwischen den Eltern

Wenn Mutter und Vater innerhalb der Familie konkurrieren (wer hat Recht?) und Machtkämpfe austragen (wer setzt sich durch?), wirkt sich das nachhaltig negativ auf das Verhalten der Kinder aus.

Die gegenseitige Kritik und Abwertung führt, wie wir bereits gesehen haben, häufig dazu, dass sich ein Elternteil mit dem Kind gegen den anderen verbündet. Solche Bündnisse sind manchmal offensichtlich und gehen mit heftigen Konflikten zwischen Vater und Mutter einher. Aber auch unterschwellige Bündnisse, die Eltern sich nicht eingestehen, wirken sich problematisch auf die Kinder aus.

Erfahrungen aus der Herkunftsfamilie

Frau und Mann haben jeweils in ihren Herkunftsfamilien spezifische Prägungen im Hinblick auf die Mutter- und Vaterrolle erfahren. Diese bestimmen sowohl als positive als auch als negative Vorstellungen über das »richtige« Erziehungsverhalten und den »besten« Erziehungsstil. Entsprechende Erwartungen werden auch an den Partner gerichtet. Der ist nun aber möglicherweise ganz anders geprägt worden, sodass die Erziehungsstile sehr unterschiedlich ausfallen können. Der Kampf um den »Stein der Weisen« in der Kindererziehung hat oft sogar schlimmere Folgen, als sie in Familien zu beobachten sind, in denen sich die Eltern in einem wenn auch fragwürdigen Erziehungsverhalten einig sind.

Männliche und weibliche Verhaltensstrategien

Männer und Frauen bringen tendenziell unterschiedliche Stärken und Schwächen mit, die zu verschiedenen Verhaltensstrategien auch im Umgang mit Kindern führen. Die Kompetenzen »Rücksichtnahme« und »Durchsetzungsvermögen« bilden die beiden Pole, zwischen denen Eltern im Umgang mit ihren Kindern abwägen müssen: Wie viel Rücksicht auf seine Bedürfnisse und Wünsche braucht mein Kind von mir? Wo sollte ich mich durchsetzen, auch wenn sich mein Kind nicht verstanden fühlt oder es seine Wünsche nicht erfüllt bekommt?

Im Idealfall verfügen wir über eine Balance zwischen diesen Verhaltensstrategien, die es uns ermöglicht, sowohl empathisch die Gefühle und Bedürfnisse anderer wahrzunehmen und in unserem Handeln zu berücksichtigen als auch klar die eigenen Gefühle und Bedürfnisse zu spüren und entschieden durchzusetzen.

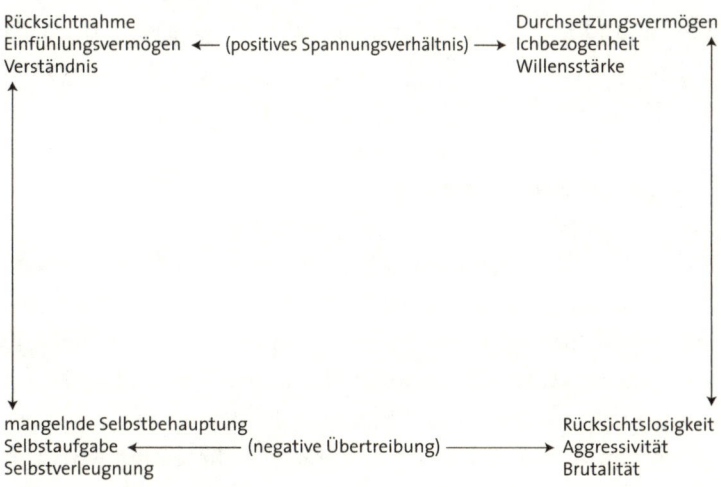

Rücksichtnahme   Durchsetzungsvermögen
Einfühlungsvermögen ⟵ (positives Spannungsverhältnis) ⟶ Ichbezogenheit
Verständnis   Willensstärke

mangelnde Selbstbehauptung   Rücksichtslosigkeit
Selbstaufgabe ⟵——————— (negative Übertreibung) ——⟶ Aggressivität
Selbstverleugnung   Brutalität

Traditionell wird Rücksichtnahme eher als weibliche Stärke und Durchsetzungsvermögen eher als männliche Stärke apostrophiert. Diese Stärken sind jedoch individuell sehr unterschiedlich verteilt. So können Männer sehr rücksichtsvoll und einfühlend sein und es an Durchsetzungsvermögen mangeln lassen, während manche Frauen wiederum sehr durchsetzungsfähig sind und zu wenig Einfühlungsvermögen besitzen. Insbesondere an den negativen Übertreibungen dieser Fähigkeiten erkennen wir jedoch deutlich, wie sehr wir diese Stärken und Schwächen geschlechtstypisch wahrnehmen und zuordnen.

Aufgrund dieser unterschiedlichen Gewichtung von Stärken und den damit verbundenen Verhaltensstrategien erscheinen den Müttern die Väter oftmals zu streng, aggressiv und hart den Kindern gegenüber. Umgekehrt empfinden Väter die Mütter der Kinder als zu nachgiebig, geduldig und weich.

Das kann eine Dynamik in Gang setzten, die zu einem Mutter-Kind-Bündnis gegen den strengen und zu wenig Verständnis zeigenden Vater führt. Die Frau rutscht sozusagen auf die Kindebene und nimmt den Mann eher als strengen Vater denn als Ehemann wahr.

Das Kind im Mann

Eine solche Verschiebung von der Eltern- auf die Kindebene kommt auch in einer zweiten Form zum Tragen. Denn die immer noch häufig anzutreffende klassische Rollenverteilung – »Drinnen waltet die züchtige Hausfrau« versus »Der Mann muss hinaus ins feindliche Leben« – führt häufig dazu, dass der Mann von der Frau auf der Kindebene wahrgenommen wird. Er kommt nach Hause und lässt sich ebenso versorgen wie die Kinder, fühlt sich für nichts im Haushalt zuständig (auch nicht für die Kinder) und wird von der Frau bisweilen als weiteres

Kind wahrgenommen. Umgekehrt hält auch die Frau oft an dieser »Mutterrolle« gegenüber dem Mann fest. Die ebenfalls häufig vorkommenden Vater-Kind-Koalitionen sind ihrerseits dadurch motiviert, dass der Vater die Mutter als zu dominant, einschränkend, kontrollierend und kritisierend sich und den Kindern gegenüber erlebt und sich in der Folge mit den Kindern verbündet.

Eine typische Konfliktspirale auf der Basis solch einer Vater-Kind-Koalition kann sich in folgender Interaktion entwickeln:

Das Kind matscht im Essen, während die Familie zusammen am Tisch sitzt.

Die Mutter maßregelt das Kind.

Der Vater verteidigt das Verhalten des Kindes als harmloses »Spielen«.

Das Kind setzt sein Verhalten fort.

Nach einiger Zeit wiederholt die Mutter ihre Zurechtweisung an das Kind und rechtfertigt ihr Verhalten gegenüber ihrem Mann.

Das Kind verstärkt sein Verhalten und blickt zum Vater.

Der Vater schweigt und lächelt das Kind an.

Die Mutter wird lauter, energischer und – nachdem sich das Kind ihrer Aufforderung weiter verweigert – wütend.

Der Vater beschwichtigt seine Frau, sie solle sich doch nicht ärgern.

Das Kind lacht den Vater an und setzt sein Verhalten fort.

Die Mutter nimmt dem Kind wütend den Löffel weg.

Der Vater kritisiert seine Frau, sie rege sich wegen jeder Kleinigkeit auf.

Eskalation ist die Folge: Das Kind fühlt sich vom Vater unterstützt und provoziert die Mutter mit dem Segen des Vaters noch mehr als zuvor.

Die Mutter reagiert auf die Provokation immer heftiger und gereizter, da sie der schwindende Einfluss auf das Kind verunsichert.

Der Vater kritisiert das Verhalten der Mutter immer häufiger als übertrieben, ungeduldig und aggressiv.

Das Kind, vom Vater geschützt und verteidigt, provoziert noch stärker ...

Was schwächt die Kinder?

Des Guten zu viel

Die unangemessene zentrale Stellung der Kinder und die »randständigen« Väter führen dazu, dass die Mutter-Kind-Beziehung das Zentrum der Familienkommunikation bildet. In dieser Konstellation besteht eine hohe Wahrscheinlichkeit, dass diese Beziehung zu eng wird.

In solchen »verstrickten« Beziehungen wird oft eine Haltung dem Kind gegenüber eingenommen, die in dem Satz zusammengefasst werden kann: »Ich tue es für dich.« Mit dieser Haltung verbunden ist die Botschaft: »Ich mute dir nicht zu, es selbst zu tun.« Das ist die eine Seite der Medaille. Auf der Kehrseite steht: »Ich traue es dir nicht zu.«

Die Botschaft »Ich traue es dir nicht zu« ist mit den Verhaltensweisen Gängelung und Bevormundung verbunden, die Botschaft »Ich mute es dir nicht zu« mit Verwöhnung, übertriebener Nachgiebigkeit und unangemessenem Mitleid. Die Gängelungen bestehen in Vorhaltungen, Ermahnungen und Warnungen, dort wo die Kinder die Konsequenzen ihrer Verhaltensweisen kennen lernen sollten. Bevormundungen zeigen sich beispielsweise daran, dass Mütter für ihre Kinder sprechen, obwohl diese dies längst selbst tun könnten (selbstverständlich zeigen auch Väter diese Verhaltensweisen, wenn sie enger in die Betreuung der Kinder eingebunden sind). Diese Äußerungen laufen häufig auf ein »Hellsehen« hinaus: Die Eltern schildern detailliert, was ihr Kind (angeblich) fühlt, denkt, glaubt und wie es welche Situation erlebt. Damit werden die Kinder jedoch ihrer eigenen Wahrnehmung beraubt, verlassen sich immer weniger auf sie und werden unsicher in der Einschätzung und Artikulation ihrer Gefühle, Gedanken und dessen, was sie erlebt haben. Das äußert sich in Zögern und hilfesuchenden Blicken an die Eltern, die dieser Aufforderung prompt nachkommen und die »Hellseherei« fortsetzen.

So wie die Eltern ihren Kindern Gedanken, Gefühle und die Wahrnehmung von äußerer Realität abnehmen, nehmen sie ihnen auch Herausforderungen, Schwierigkeiten und Aufgaben ab, räumen alle Hindernisse aus dem Weg, geben bei Forderungen und Wünschen oft auch da nach, wo sie eigentlich Nein sagen müssten. Aus falsch verstandenem Mitleid werden Kindern Grenzen nicht gesetzt und unangenehme Konsequenzen nicht zugemutet.

Merke

Will ich Kindern etwas nicht zumuten, so traue ich es ihnen auch nicht zu. Diese Haltung blockiert das Entwicklungspotenzial der Kinder und verhindert, dass sie an Herausforderungen und der Überwindung von Hindernissen wachsen können. Ein Mangel an natürlichem Selbstbewusstsein (statt Prahlerei und Dominanzverhalten) und Selbstverantwortung sind die Folge.

Kontrolldramen

Der gemeinsame Alltag von Familien mit Kindern im Schulalter ist oft auf wenige Stunden am Tag, gelegentliche Wochenendaktivitäten und Urlaube reduziert. Aus diesem Grund laufen die Eltern-Kind-Interaktionen Gefahr, sich hauptsächlich auf »Kontrolldialoge« zu konzentrieren:

- »Hast du die Hausaufgaben erledigt?«
- »Mach endlich den Fernseher aus«!
- »Sei pünktlich zum Abendessen zu Hause!«

Dieser auf materielle Versorgung und schulische Leistung gerichtete Blick aufs Kind führt zu einer Verengung des Blickwinkels. Altersangemessene familiäre Aufgaben werden kaum übertragen, Lernen über Aktivitäten mit Erwachsenen findet wenig statt. Stattdessen erfolgen Konsumangebote und Verwöhnung.

Einzig im Hinblick auf die schulische Laufbahn werden an die Kinder Forderungen und Leistungserwartungen gestellt. Sie bieten jedoch kaum Gelegenheit, durch gemeinsame Aktivitäten einen Lebenszusammenhang zu stiften, sondern erzeugen eher eine Atmosphäre von Kontrolle, negativer Kritik und psychischem Druck (sowohl für die Kinder als auch für die Eltern). Das Damoklesschwert »Schulerfolg« schwebt über der Familie und bestimmt vorwiegend die Kommunikation. Die Kinder erleben sich dadurch als für den familiären Lebenszusammenhang unwichtig. Sie spüren hauptsächlich den Erwartungsdruck, in der Schule zu funktionieren. Mangelndes Selbstwertgefühl, Machtkämpfe und Verweigerung sind die häufige Folge.

»Randständige« Väter

Wie bereits erwähnt, führt die beschriebene Familienstruktur tendenziell zu einer zu schwachen Abgrenzung zwischen Mutter und Kind. Dieser entspricht in der Regel eine zu schwache Beziehung des Kindes zum Vater. Um sich stabil emotional entwickeln zu können, brauchen Kinder aber die Möglichkeit, zwischen verlässlichen Bezugspersonen hin und her pendeln zu können. Das verhindert am ehesten eine symbiotische, verstrickte Beziehung mit nur einem Elternteil. Solche weiteren Bezugspersonen sind im Idealfall die Väter; aber auch Großeltern, Tanten, Onkel und sonstige verlässliche Personen können zu wichtigen emotionalen »Standbeinen« für Kinder werden.

Noch immer fühlen sich viele Väter »unzuständig« innerhalb der Familie und werden nicht selten von den Frauen in Sachen Kindererziehung ausgeblendet. Dies untermauern auch meine Erfahrungen als Kursleiter von (überwiegend von Frauen besuchten) Elternseminaren, in denen die teilnehmenden Mütter auf die Frage nach der Familie im Hintergrund oft lediglich die Kinder erwähnen und die Männer »vergessen«, obwohl nur wenige von ihnen de facto alleinerziehend sind. Und auch als Familientherapeut erlebe ich es immer wieder, dass die Väter ihre Teilnahme an den Sitzungen nicht selten für unwichtig halten.

Als entsprechend gering wird oftmals die Bedeutung der Väter für die kindliche Entwicklung angesehen, die geringe zeitliche Präsenz und der tatsächliche Kontakt zu den Kindern wird gleichgesetzt mit der qualitativen Bedeutung der Väter für die Kinder. Dies ist jedoch ein Trugschluss mit oft fatalen Konsequenzen. Zahlreiche Verhaltensauffälligkeiten, insbesondere bei Jungen, hängen unmittelbar mit der Abwesenheit der Väter zusammen. Während Mädchen von der Geburt bis zum Erwachsenenalter im Regelfall kontinuierlich weibliche Bezugspersonen zur Identitätsbildung und Geschlechtsrollenorientierung vor Augen haben, ist die Jungensozialisation von Brüchen und Abwesenheiten der Väter bzw. männlichen Bezugspersonen gekennzeichnet.

Die notwendige Ablösung der Söhne von den Müttern gelingt am besten, wenn sich Jungen am Vater (oder ersatzweise anderen männlichen Bezugspersonen) orientieren können. Die Bewegung »weg von Mutter« braucht ein »hin zum Vater«. Die Jungen müssen sich vom gegengeschlechtlichen Elternteil abgrenzen, wissen aber nicht wohin und verharren dadurch in einer zu großen Nähe der Mütter. Bei Mädchen wirkt sich die Abwesenheit der Väter ebenfalls negativ aus, die Folgen zeigen sich allerdings in der Regel erst später, z. B. in Unsicherheiten im Verhalten Jungen und Männern gegenüber, daher treten sie im Kontext von Erziehungsberatung nicht in den Vordergrund.

Zusätzliche Stressfaktoren für Eltern und Kinder

Probleme in der Paarbeziehung, Trennung und Scheidung

Ehe- und Partnerschaftsprobleme wirken sich meist belastend auch auf die Kinder aus. Beziehungsstress verschlechtert die familiäre Atmosphäre, und Spannungen zwischen den Erwachsenen entladen sich schnell an den schwächsten Familienmitgliedern, den Kindern. Darüber hinaus begünstigen diese Konflikte Bündnisse mit Kindern gegen den Partner. Besonders problematisch werden die Eltern-Kind-Beziehungen, wenn die Abwertung und Ablehnung der Partner untereinander einen Grad erreicht hat, der die Grundlage der Beziehung in Frage stellt.

Bei Trennung und Scheidung verstärken sich die Belastungen oftmals für die Kinder. Das geschieht nicht deshalb, weil die Eltern nun getrennt leben – das Ende von Streit und Aggression zwischen den Eltern wird von den Kindern eher als positiv erlebt –, sondern weil sich die Auseinandersetzungen verschärfen und die Differenzierung zwischen der gemeinsamen Elternschaft und der beendeten Partnerschaft zum Zeitpunkt der Trennung kaum möglich ist. Die emotionale Vermischung von Eltern- und Paarebene hat für die Kinder negative Folgen. Die dem Partner geltende Wut und Feindseligkeit wird auf die Kinder übertragen. Väter brechen den Kontakt zu den Kindern ab, Mütter streichen den Vater aus dem Leben ihrer Kinder.

Wenn Kontakt zu beiden Eltern besteht, kann es belastend auf die Kinder wirken, dass der Kindsvater oder die Kindsmutter in den Kindern abgelehnt wird. »So wie sein Vater soll mein Sohn nie werden« oder »Die Eigenschaften ihrer Mutter sehe ich leider auch schon an meiner Tochter« – das sind Sätze, die auf eine Vermischung der Gefühle als Paar und Eltern hinweisen.

Jenseits aller Familiendynamik: Selbstüberforderung

Ein enger Terminplan, vermeintlich unabwendbare Anforderungen von außen und zu hohe Ansprüche an die eigene Rolle führen bei Müttern (oder Vätern, wenn sie die Hauptbezugsperson der Kinder sind) oft zu einem Grundgefühl von Stress, Hektik, Gereiztheit und Ungeduld. Es entsteht dann ein Klima, auf das die Kinder mit Verweigerung, Aggressivität und Verhaltensauffälligkeiten reagieren.

Ob es der Hang zum Perfektionismus ist, die Neigung, zu viele Aktivitäten mit Kindern zu planen, der Wunsch, es immer allen recht zu machen – in vielen Lebenssituationen, die wir als belastend und zermürbend erleben, gibt es einen mehr oder weniger hohen Anteil an »selbstgewähltem« Stress, der sich mindern lässt. Diesem Stress liegen einige kognitive Fallen zugrunde, die beispielsweise wie folgt lauten können:

- »Sei eine perfekte Hausfrau und Mutter.«
- »Biete deinem Kind so viel wie möglich.«
- »Du musst allen Erwartungen deiner Umgebung entsprechen.«
- »Sei geduldig und verständnisvoll.«
- »Du bist für alles verantwortlich.«

Dieser selbstgewählte Stress übt einen permanenten Druck aus und schwächt Mütter darin, angemessen und besonnen auf die Kinder zu reagieren.

Teil 2: Hilfen und Lösungswege

Machtkämpfe vermeiden

Wie kann den beschriebenen Entwicklungen entgegengewirkt werden? Welche Verhaltensorientierungen helfen, Machtkämpfe zu vermeiden, den Kindern angemessen Verantwortung zu übertragen und sich als Teil einer Gemeinschaft wahrzunehmen, in der sie wachsen und Selbstsicherheit gewinnen können und zugleich Halt und Orientierung erfahren?

Machtkämpfe zwischen Eltern und Kindern entstehen, wenn die Beziehungen nicht klar definiert sind. Wie bereits erwähnt, hat sich im Laufe der zurückliegenden 50 Jahre die Eltern-Kind-Beziehung von einer klar hierarchischen Beziehung, die auf dem Prinzip von Befehl und Gehorsam basierte, zu einer »Verhandlungsbeziehung« entwickelt, in der das Gefälle zwischen Erwachsenen und Kindern sehr viel geringer geworden ist. In Konflikten treffen die Bedürfnisse, Auffassungen und Positionen von Eltern und Kindern aufeinander, und es beginnt oftmals eine Verhandlung darüber, wer sich wie weit durchsetzt.

Diese Veränderungen führen noch nicht notwendigerweise zu Machtkämpfen. Die Verflachung der Eltern-Kind-Hierarchie ist mit der durchaus positiven Entwicklung verbunden, dass Kinder mit ihren Bedürfnissen, Entscheidungs- und Mitwirkungskompetenzen stärker berücksichtigt werden. Insofern ist die Beschwörung der »guten alten Zeit« unangebracht, in der die Kinder im Geiste einer autoritären Erziehung gedrillt, geschlagen, missachtet und gedemütigt wurden.

Jedoch wurde im Zuge der Beseitigung autoritärer, auf Befehl und Gehorsam gründender Eltern-Kind-Beziehungen sozusagen das Kind mit dem Bade ausgeschüttet. Das Ziel, eine hierarchischen Beziehung zu vermeiden, was vielerorts auch in der pädagogischen Literatur mit dem Begriff der »partnerschaftlichen Erziehung« belegt wurde, leugnet, dass die Verantwortung für die Gestaltung der Beziehung klar auf Seiten des Erwachsenen liegt.

Partnerschaftlich kann eine Beziehung nur dann genannt werden, wenn die Beteiligten im gleichen Ausmaß Einfluss auf die Gestaltung der Beziehung nehmen können, wenn Rechte und Pflichten einvernehmlich und ausgeglichen verteilt sind. Dieses Ziel kann etwa in einer Ehe oder eheähnlichen Lebensgemeinschaft angestrebt werden, in Eltern-Kind-Beziehungen ist ein solches pädagogisches »Ideal« hingegen nicht realisierbar. Es verspricht (als Beziehungsangebot) den Kindern ein Maß an Selbstbestimmung und Einflussmöglichkeiten, das nicht eingelöst werden kann und die Kinder in ihrer Fähigkeit, Verantwortung zu tragen, überfordert.

Um Kindern eine klare Orientierung zu ermöglichen, sollte deshalb der Rahmen, innerhalb dessen sie Entscheidungsspielräume besitzen, genau definiert sein. Wie weit oder eng der Rahmen gesteckt ist, bleibt im Ermessen der Eltern. Sicherlich ist es ratsam, ihn altersgemäß zu gestalten. Entscheidend für eine klare Botschaft an die Kinder ist jedoch vor allem die Frage, ob die Eltern den Kindern den jeweils angebotenen Entscheidungsspielraum ohne Wenn und Aber einräumen können. Ein verärgertes »Mach doch, was du willst« oder gar ein resignierendes »Du machst ja sowieso, was du willst« verschlechtern die Beziehung, da den Kindern die doppelbödige Botschaft vermittelt wird: »Ich erlaube es, nehme dir aber übel, dass du es tust.« Machtkämpfe entstehen jedoch genau an jenem neuralgischen Punkt, an dem es Eltern an Entscheidungssicherheit, Klarheit und Bestimmtheit fehlen lassen.

Der (oft uneingestandene) Wunsch, quasi partnerschaftlich mit Kindern umzugehen, zeigt sich beispielsweise in dem Anspruch, bei Entscheidungen zwei Bedingungen zu erfüllen:

1. Mein Kind soll meine Entscheidung verstehen.
2. Mein Kind soll mit meiner Entscheidung einverstanden sein.

Verständnis und Zustimmung von Seiten des Kindes kann im Einzelfall eine Begleiterscheinung elterlicher Entscheidungen sein. Abhängig dürfen sich Eltern von diesen beiden Bedingungen aber nicht machen.

Typische Kommunikationsmuster, die verraten, dass diese Abhängigkeiten bestehen, sind

- Fragen statt Aussagen und
- Diskutieren statt Kommentieren.

Aussagen statt Fragen

Wer fragt: »Räumst du mal dein Zimmer auf?«, »Hast du Lust, den Einkauf zu machen?«, »Würdest du den Müll entsorgen?«, vermittelt die Botschaft: »Mich interessiert, ob du die Bereitschaft hast, das zu tun.« Kinder antworten oft ehrlich auf solche Fragen mit Nein und enttäuschen und verärgern damit ihre Eltern, die stillschweigend von den Kindern ein Ja erwarten und hoffen, die in den Fragen liegenden Entscheidungsmöglichkeiten würden von den Kindern nicht ernst genommen (allerdings möchten Kinder grundsätzlich ihre Eltern ernst nehmen).

Die Erwartung, Fragen würden als Aufforderungen verstanden, offenbart den »verdrucksten« Umgang mit dem Leitthema zwischen Eltern und Kindern: *Wer bestimmt was?* Die tieferliegende verwirrende Botschaft eines solchen Kommunikationsverhaltens lautet: »Entscheide du, aber nur in meinem Sinne«. Diese widersprüchliche Botschaft soll Einvernehmen suggerieren. Darin schwingt der Wunsch mit, das Kind ist mit meiner Entscheidung einverstanden.

Kommentieren statt diskutieren

Diskussionen mit Kindern können Spaß machen, fördern die Familienkommunikation und schulen rhetorische Fähigkeiten und kritisches Denken. Außerdem lernen die Kinder, ihre Interessen argumentativ zu vertreten. Diese Aspekte erklären den hohen Rang der Argumentationspädagogik gerade bei engagierten und leistungsorientierten Eltern.

Diskussionen führen aber auch zu endlosen Debatten, ausufernden und nervenaufreibenden Wortwechseln, die in eskalierenden Auseinandersetzungen enden und Eltern resignieren lassen – mit dem Ergebnis, dass sie den Kindern und Jugendlichen mehr erlauben, als ihnen eigentlich recht ist.

Erinnern wir uns noch einmal an das erste Fallbeispiel.

Jonas wird von seinem Papa vom Kindergarten abgeholt. Zu Hause angekommen, möchte der Vater, dass der Junge sich duscht und umzieht, da er offenbar an diesem Tag viel draußen herumgetobt hat. Er sagt zu Jonas, der bereits an der Garderobe fragt, ob er gleich mit ihm spielt: »Na, meinst du nicht, du solltest vielleicht erst einmal duschen?«

Die Antwort kommt prompt: »Nein, das brauche ich nicht«, und Jonas zieht den Papa Richtung Kinderzimmer. Nun beginnt ein längerer Disput.

Der Papa sagt: »Schau mal, wie du aussiehst! So kannst du doch nicht in der Wohnung spielen!«

Jonas antwortet, nachdem er die Händchen an den Hosenbeinen abgewischt hat: »Doch, guck mal, meine Hände sind gar nicht mehr schmutzig.«

Papa: »Komm, du hast den ganzen Tag draußen gespielt und bist ziemlich schmutzig. Du musst duschen. Und umziehen solltest du dich auch.«

Jonas, inzwischen im Kinderzimmer angekommen, ignoriert die Aufforderung und zieht den Papa zur Legokiste: »Papa, baust du mir eine Garage für meine Autos?«

Der Vater (inzwischen in gereiztem Ton): »Jonas, los, komm jetzt mit ins Bad, du machst hier alles schmutzig!«

Der Junge reagiert bockig, weigert sich, das Kinderzimmer zu verlassen, und wirft sich auf den Boden. Er beginnt zu schreien und um sich zu treten, als der Vater ihn an der Hand hochziehen will, um mit ihm ins Badezimmer zu gehen. Der Vater lässt von Jonas ab und geht ratlos aus dem Kinderzimmer.

Auch hier liegt die Wurzel des Übels in dem Anspruch, das Einverständnis der Kinder einholen zu wollen. Da, wo meine Entscheidung als Elternteil bereits feststeht und kein Entscheidungsspielraum mehr bleibt, sollte das Kind jedoch nicht in eine Diskussion gelockt werden; ihm wird damit vorgetäuscht, es könne mit Überzeugungskraft und Überredungskünsten doch noch Einfluss auf die Entscheidung nehmen. Die Entscheidung sollte (möglicherweise mit einer kurzen Begründung) dem Kind mitgeteilt werden. Jeder Versuch von Seiten des Kindes, eine Diskussion zu beginnen, sollte mit dem Kommentar versehen werden: Die Entscheidung ist gefallen. Punkt.

Lösung

Der Vater sollte sich die ersten beiden Anläufe sparen. Weder sollte er davon ausgehen, dass Jonas selbst den Wunsch hat zu duschen, noch sich darauf verlassen, dass der Junge von der Notwendigkeit zu duschen zu überzeugen ist.

Schauen wir uns den ersten Satz des Vaters noch einmal genau an: »Na, meinst du nicht, du solltest vielleicht erst einmal duschen?«

Der Vater sagt damit zwischen den Zeilen:

1. »Du kannst entscheiden, ob du duschst.«
2. »Ich gehe davon aus, dass du nicht duschen willst.«
3. »Ich bin mir selbst nicht sicher, ob du duschen solltest.«

Diese Botschaften nimmt das Kind genau wahr. Kinder sind auf der Beziehungsebene sehr hellhörig.

Dagegen bleibt kein Zweifel daran offen, was als Nächstes passieren wird, wenn an das Kind folgender freundlicher Satz gerichtet wird: »Du hast ja heute toll Maulwurf gespielt im Kindergarten! Aber jetzt geht's erst einmal unter die Dusche!« Die Situation ist nun eine völlig andere als vorher, selbst wenn Jonas antworten sollte: »Nein, ich will nicht duschen, komm mit mir ins Kinderzimmer spielen!«

Der Vater ist noch nicht frustriert, weder darüber, dass Jonas etwas anderes will als er, noch darüber, dass der Junge seinen Argumenten nicht zugänglich ist. Also kann er noch lachend sagen: »Klar, aber erst duschen, dann spielen, mein Lieber!« Falls das Kind den Satz ignoriert und ins Kinderzimmer eilen will, kann der Vater mit einem schnellen Griff Jonas hochheben und ins Bad tragen. Der eventuelle Protest sollte freundlich kommentiert werden: »Ja, ja, du hast keine Lust zu duschen, ich weiß. Es ist aber trotzdem nötig, Jonas.«

Die Wahrscheinlichkeit, dass der Sohn nun duscht, ist bedeutend höher als in der oben beschriebenen Variante. Und zwar aus diesen beiden Gründen:

1. Die Aussage ist von Beginn an klar und eindeutig. Der Junge weiß sofort, wo es langgeht.
2. Der Vater bleibt freundlich und nimmt es Jonas nicht übel, dass er »uneinsichtig« ist. Der Vater muss sich nicht erst das Einverständnis des Kindes holen. Er kann ohne Frust auf beiden Seiten sein Vorhaben in die Tat umsetzen.

Kinder nehmen den Anspruch ihrer Eltern, sich ihr Einverständnis zu holen, genau wahr und spüren die Macht, die ihnen dadurch zufließt. Diese Macht und die damit verbundenen Einflussmöglichkeiten nicht zu nutzen wäre dumm. Also schöpfen Kinder den Verhandlungsspielraum bis zur Neige aus.

Klar und eindeutig Verantwortung für Entscheidungen zu übernehmen, unabhängig davon, wie das Kind sich dazu verhält, signalisiert dem Kind Stärke und Souveränität der Eltern. Das führt letztlich zu Respekt und innerer Zustimmung (auch bei laut geäußertem Protest).

Was tun, wenn Kinder die elterliche Entscheidung übel nehmen?

Beim Bemessen der Entscheidungsspielräume für Kinder sollte nach dem Motto verfahren werden: So viel Mitbestimmung wie möglich, so viel elterliche Entscheidung wie nötig.

Wenn wir als Eltern unsere Entscheidungen nicht prinzipiell von der Zustimmung der Kinder abhängig machen, sollten wir auch akzeptieren, dass die Kinder unsere Sicht nicht nachvollziehen und über unsere Entscheidung frustriert und verärgert sein können. Kinder haben ein Recht darauf, nicht einverstanden zu sein und sich über elterliche Entscheidungen zu ärgern. Wir haben erst dann wirklich die Zone der Machtkämpfe verlassen, wenn wir den Kindern ihre eignen Gedanken und Gefühle lassen und sie ihnen nicht übel nehmen. Mit dieser Haltung bleibt die Atmosphäre freundlich. So spüren die Kinder Sicherheit und Geborgenheit in der Familie.

Jasmin ist 13 Jahre alt, geht aufs Gymnasium und findet es schon seit langem überfällig, dass sie einen eigenen Fernseher bekommt. »Alle meine Freundinnen und Mitschülerinnen haben bereits einen Fernseher und die meisten auch einen Computer mit Internetanschluss. Und die Jungen sowieso!«

»Na, das glaube ich nicht«, entgegnet die Mutter. »Alle bestimmt nicht, Max, der Sohn meiner Freundin Erika, hat zum Beispiel keinen Fernseher und auch keinen Internetanschluss im Zimmer.«

Jasmin: »Ach, die Familie lebt doch sowieso komplett hinter dem Mond.«

Der Vater schaltet sich ein: »Unkontrolliertes Fernsehen und Computerspielen ist schädlich. Ich habe neulich erst wieder gelesen, dass die Schulleistungen von Kindern, die häufig fernsehen und am PC spielen, deutlich schlechter sind, als von Schülern, die lesen und Sport treiben.«

Jasmin: »Wieso unkontrolliert? Ich gucke nur die Sendungen, die mich interessieren. Und Sport treibe ich auch.«

Die Mutter: »Neulich hast du auch nach deiner Lieblingssendung über eine Stunde lang weitergeguckt, obwohl wir das anders abgesprochen hatten.«

Jasmin: »Was meinst du denn, wie lange meine Mitschülerinnen fernsehen dürfen? Denen tue ich schon lange leid. Laura hat gesagt, dass ihr echt medienfeindlich seid. Ihre Eltern wären ja schon schlimm, aber kein Vergleich mit euch.«

Der Vater: »Also, du willst doch nicht behaupten, wir seien übermäßig streng? Im Gegensatz zu meinen Eltern sind wir supergroßzügig: Du gehst reiten, hast ein großes eigenes Zimmer und verfügst frei über dein Taschengeld. Ich finde, du bist ziemlich undankbar.«

Jasmin: »Jetzt kommt diese Leier wieder. Ihr nervt. Ich gehe auf mein Zimmer.«

Die Mutter folgt der Tochter ins Kinderzimmer und setzt dort die Diskussion fort, die nach einem lautstarken Wortwechsel und Türenknallen damit endet, dass Jasmin weinend auf ihrem Bett liegt.

In diesem Beispiel versuchen die Eltern, der Tochter die Entscheidung zu erklären und sich zu rechtfertigen. Aber genau dieses Bemühen, führt zu eskalierenden Auseinandersetzungen. Viele Machtkämpfe entstehen, weil die Eltern versuchen, die Gefühle und Sichtweisen der Kinder zu verändern. Das ist nicht erforderlich. Wenn Eltern den Kindern ihre konträre Sicht der Dinge lassen, auch die damit verbunden Gefühle akzeptieren und dennoch bei ihrer Entscheidung bleiben, die sie aus elterlicher Verantwortung heraus treffen, ist eher mit einer Bereitschaft der Kinder, die Situation zu akzeptieren, zu rechnen.

Lösung

Der Dialog könnte stattdessen z. B. wie folgt stattfinden.

Jasmin: »Alle meine Freundinnen und Mitschülerinnen haben bereits einen Fernseher und die meisten auch einen Computer mit Internetanschluss. Und die Jungen sowieso!«

Eltern: »Das mag sein. Viele Eltern erlauben ihren Kindern Fernseher und Computer im Kinderzimmer. Aber wir wollen das nicht. Erfahrungsgemäß führt das zu erhöhtem Fernseh- und Medienkonsum. Wir möchten noch allein darüber entscheiden, was und wie viel du fernsiehst.«

Jasmin: »Ich würde auch weiter nur die Sendungen gucken, die mich interessieren.«

Eltern: »Diese Sendungen kannst du dir immer gern im Wohnzimmer anschauen.«

Jasmin: »Ihr seid voll gemein. Meinen Freundinnen tue ich schon lange leid. Die sagen alle, ihr wäret total medienfeindlich.«

Eltern (lachend): »Offenbar hast du in der Wahl deiner Eltern eben einfach Pech gehabt.«

Fordern statt verwöhnen

Liebevolle Eltern wollen für ihre Kinder das Beste. Kinder wachsen heute in einer Gesellschaft auf, in der schnelle Wunscherfüllung, permanenter Genuss und Lust ohne Anstrengung als Lebensmaxime verkündet wird. Kinder wünschen und fordern in einer solchen Lebenswelt pausenlos, und Eltern wünschen sich glückliche Kinder. In dieser von Konsum geprägten Gesellschaft lauert die Gefahr der Verwahrlosung durch Verwöhnung.

Verwöhnung kann unter zwei Aspekten betrachtet werden:

- Anstrengungsverwöhnung: Die Eltern bemühen sich, ihren Kindern Anstrengungen zu ersparen und Schwierigkeiten, Widerstände aus dem Weg zu räumen. Je weniger Mühe etwas macht, umso besser, heißt die Devise.
- Anspruchsverwöhnung: Die Kinder nehmen das, was sie geboten bekommen, als selbstverständlich hin, sie können Verwöhnung nicht als solche wahrnehmen, sondern nehmen das Gewohnte zum Maßstab und leiten daraus ihre Ansprüche ab. Die Eltern wiederum orientieren sich stark an den Ansprüchen der Kinder und bemühen sich, diese zu erfüllen. Die Spirale der Verwöhnung wird in Gang gesetzt. Je mehr die Eltern versuchen, die Kinder zufrieden zu stellen, umso anspruchsvoller werden diese.

Einstieg in die Verwöhnung durch Bewegungsmangel

Es ist eine Binsenweisheit, dass Bewegungsmangel und falsches Essverhalten zu den Hauptursachen unserer Zivilisationskrankheiten zählen. Dazu gehören:

- Herz-Kreislauf-Erkrankungen (Bluthochdruck, Herzinfarkt, Arteriosklerose),
- Stoffwechselerkrankungen (Diabetes mellitus, Gicht, erhöhter Cholesterinspiegel),
- Übergewicht, Fettsucht, Magersucht,
- Krebs,
- Erkrankungen des Bewegungsapparates,
- Allergien.

Immer mehr Kinder sind von diesen Krankheiten betroffen. Chronischer Bewegungsmangel durch hohen Medienkonsum verbunden mit ungesundem Fastfood spielt als Verursacher eine wesentliche Rolle. Die Vermeidung körperlicher Anstrengung legt den Grundstein für die Neigung, Anstrengung als negativ zu erleben, und führt zu dem Wunsch, sie möglichst zu vermeiden.

Doch nur wer körperliche Bewegung und die damit verbundene Anstrengung als lustvoll und befriedigend kennen lernt, wird zur Anstrengung ein positives Verhältnis entwickeln, Gelegenheiten zu lustvoller Anstrengung suchen und deren das Selbstbewusstsein stärkende und entwicklungsfördernde Effekte erleben. Elterliches Verhalten hat naturgemäß einen großen Einfluss auf die Weichenstellung, ob die Kinder Anstrengung als positiv oder negativ betrachten werden.

Die Bereitschaft sich anzustrengen wird durch Widerstände angeregt, die der Wunscherfüllung und der Befriedigung von Bedürfnissen entgegenstehen. Schon Säuglinge müssen sich anstrengen (durch intensives Schreien), um die Befriedigung ihrer elementaren Bedürfnisse zu erreichen. Und Kleinkinder zeigen eine große Bereitschaft zur körperlichen Anstrengung, um ihre Ziele zu erreichen. Sie mühen sich beim Robben und Krabbeln, entwickeln den Ehrgeiz, den aufrechten Gang zu erlernen, bestimmte Gegenstände zu erlangen usw. Kinder zeigen die angeborene Bereitschaft sich anzustrengen – eine verhaltensbiologische Eigenschaft, die das Überleben in einer Umwelt ermöglicht, die Bedürfnisbefriedigung nicht auf dem Silbertablett serviert. Insofern »belohnt« die Natur Anstrengung mit Wachstum und Entwicklung (z. B. Muskelaufbau, Entwicklung von Fähigkeiten), die »Silbertablettmentalität« wird jedoch mit einschlägigen Zivilisationskrankheiten bestraft.

Die Neigung vieler Eltern, Kindern Anstrengungen ersparen zu wollen, um sie zufrieden zu stellen, indem sie den Kindern das Leben so einfach, schön und bequem wie möglich gestalten, ist die Quelle für Maßlosigkeit, Unzufriedenheit und Bequemlichkeit. Die Folgen einer solchen Verwöhnung werden besonders beim Medienkonsum deutlich. Großzügiges Gewährenlassen und Nachgiebigkeit gegenüber den Wünschen und Forderungen der Kinder führt zu Langeweile, körperlicher und geistiger Passivität und nicht selten auch zu seelischer Verwahrlosung. Stundenlanges Fernsehen und Computerspiele schmälern die familiäre Kommunikation, gemeinsame Aktivitäten, gegenseitige Anteilnahme und wechselseitiges Interesse.

Grenzen setzen, ohne zu verletzen

Die Mutter sitzt mit der vierjährigen Tochter Mia am Mittagstisch. Mia schaut einmal mehr gelangweilt über den gedeckten Tisch und sagt: »Ich mag das nicht.«

Die Mutter bittet: »Probier doch wenigstens, es schmeckt dir bestimmt.«

Mia: »Ich mag nur die Kartoffeln, aber nur eine.«

Ihre Mutter kennt das schon lange. Die Tochter, die als Frühchen zur Welt kam, isst nach ihrer Auffassung schlecht. Ständig muss sie das Kind zum Essen anhalten. Mia mag nur wenige Gerichte: Am liebsten isst sie Nudeln ohne Soße, aber Süßigkeiten nascht sie immer gern. Ihre Mutter weiß, dass sie dem Kind zu oft Süßes erlaubt, »damit Mia überhaupt etwas isst«.

Ihr fällt allerdings auf, dass die Tochter im Kindergarten und auch bei ihrer Freundin, wenn sie dort an Mahlzeiten teilnimmt, das isst, was auf den Tisch kommt, weniger herummäkelt und nicht so demonstrativ gelangweilt im Essen herumstochert. Mia löst mit diesem Verhalten das immer ähnlich ablaufende Ritual aus: Die Mutter bittet, ermahnt, diskutiert und regt sich immer mehr auf, bis sie schließlich entnervt nachgibt und Mia einen Fruchtjoghurt, Pudding oder ein Brot mit Schokoladenaufstrich erlaubt.

Um Kindern maßvolle Anstrengung zumuten, ihnen Herausforderungen bieten und altersgemäß Verantwortung übertragen zu können, müssen Eltern lernen, sich angemessen von ihren Kindern abzugrenzen.

Die Beurteilung, was angemessen ist, hängt natürlich von Alter und Entwicklungsstand des Kindes ab und von den Risiken, die die Eltern in bestimmten Situationen einzugehen bereit sind. Eltern neigen heute (aus falschem Mitleid und schlechtem Gewissen, wie bereits gesehen) oft dazu, sich zu schwach von den Kindern abzugrenzen und Kindern zu wenig Verantwortung für ihr Verhalten zu übertragen.

Zur Klärung der Frage, wie Eltern sich angemessen abgrenzen können und wie viel Verantwortung sie dem Kind übertragen sollten, hilft es (insbesondere in Konfliktsituationen), eine Problemdefinition vorzunehmen:

- Wer hat hier welches Problem?
- Wo hat der Erwachsene das Problem?
- Wo hat das Kind das Problem?

Das mag erst einmal umständlich und wenig praktikabel klingen. Anhand einiger typischer Alltagskonflikte erweist sich diese Vorgehensweise jedoch schnell als alltagstauglich. Die in den folgenden Themenkreisen dargelegten Lösungswege sind selbstverständlich nur als Option zu verstehen. In der Kindererziehung gibt es selten *die* Lösung, und bekanntlich führen viele Wege nach Rom.

Essen

Beliebter Anlass für Machtkämpfe, insbesondere mit Kindern im Kindergarten- und Grundschulalter, sind die Familienmahlzeiten.

Da wird um Gemüseportionen gefeilscht, Nachtisch statt Nahrhaftes verlangt, im Teller lustlos herumgestochert und mit dem Essen gespielt. Die Mütter (die wenigen Väter, die hauptverantwortlich Erziehungsarbeit leisten, mögen sich mit angesprochen fühlen) bitten, drohen, schimpfen und verhandeln mehr oder weniger erfolgreich mit dem Ziel, Nahrhaftes in die Nervensägen hineinzubekommen.

Wer hat hier vordergründig welches Problem?

1. Die Mütter haben das Problem, die Akzeptanz für das Aufgetischte (nahrhafte Naturalien) beim Kind zu erreichen.
2. Die Kinder haben das Problem, an die von ihnen bevorzugten Nahrungsmittel heranzukommen.

Unter dem Gesichtspunkt, dem Kind angemessen Verantwortung zu übertragen, sieht die Problemdefinition ganz anders aus:

1. Die Mütter haben das Problem bzw. die Verantwortung, der Familie Nahrhaftes in ausreichender Menge anzubieten, was verbunden ist mit einem bestimmten Zeitaufwand als Bestandteil ihrer Haushaltsarbeit.
2. Die Kinder haben das Problem bzw. die Verantwortung, diese Angebote zu nutzen und ausreichend Nahrung aufzunehmen, um satt zu werden.

Da die Erfahrung lehrt, dass ein gesundes Kind am gedeckten Tisch nicht verhungert, kann dem Kind dieser Teil an Verantwortung getrost übertragen werden. Konsequent umgesetzt bedeutet das: Das Kind nutzt die Mahlzeiten nach eigenem Ermessen. Danach gibt es bis zur nächsten Familienmahlzeit nichts zu essen, schon gar keine Süßigkeiten. Quengeleien, Bitten und Forderungen des Kindes werden ignoriert, und es wird freundlich, aber bestimmt auf die nächste Familienmahlzeit verwiesen. Es gibt keinen Machtkampf zwischen Mutter und Kind.

Dadurch lernt das Kind schnell, die Mahlzeiten zu nutzen, und es wird zunehmend die angebotenen Speisen akzeptieren. Selbstverständlich können die Kinder an der Erstellung des Wochenspeiseplans oder bei der Auswahl einzelner Gerichte beteiligt werden.

Schlafengehen

Eines der frühesten Konfliktthemen ist das abendliche Abschied-
nehmen zum Schlafengehen. Die Eltern lassen sich vor allem mit
den Argumenten »Ich bin nicht müde« und »Ich habe Angst,
allein zu schlafen« dazu bringen, die Kinder später ins Bett zu
schicken, als ihnen lieb ist, und sie im elterlichen Bett nächtigen
zu lassen. Wie sieht nun die Problemdefinition aus?

1. Die Eltern möchten »Feierabend« vom Kind haben und wünschen, dass das Kind in seinem Zimmer bleibt. Wenn die Eltern beide damit einverstanden sind, dass das Kind im elterlichen Bett einschläft oder nachts zu ihnen ins Bett kommt,
   ist das okay, dann liegt ja kein Konflikt vor. Anders ist die Situation, wenn Vater und Mutter unterschiedlich über den
   »Schlafgast« denken oder wenn die Eltern die Störung gegen
   ihren Willen hinnehmen.
2. Das Kind hat das Problem, sich von den Eltern für den Tag zu
   verabschieden, loszulassen und in seinem Zimmer allein zur
   Ruhe zu kommen und einzuschlafen.

Konsequent umgesetzt heißt das: Das Kind wird in sein Zimmer geschickt, Diskussionen werden vermieden, und ihm wird
erlaubt, wach zu bleiben. Auch das (unglaubwürdige) »Angst-
argument«, mit dem unangemessenes Mitleid und ein schlechtes
Gewissen bei den Eltern ausgelöst werden sollen, wird ignoriert
in dem Verständnis, dass Angst zu haben normal ist und Angst
vom Kind verarbeitet werden kann. Eine »Notbeleuchtung«, leise
Musik oder eine halb offene Kinderzimmertür können ruhig akzeptiert werden. Anfangs kann dem Kind auch zugesagt werden,
dass Mutter oder Vater nach einiger Zeit noch einmal ins Zimmer kommen und nach ihm schauen, vorausgesetzt, es hält sich
an die Vereinbarung, im Bett zu bleiben. Die Eltern sorgen
doch dafür, dass das Kind im Zimmer bleibt und sie das
zimmer und Ehebett ungestört nutzen können.

Hausaufgaben

Ein immer wiederkehrendes, leidiges Thema sind die Hausaufgaben. Der Schreibtisch des Kindes wird zur Arena für dramatische Duelle zwischen lustlosen, aggressiven, Schule und Eltern hassenden Schülern und genervten, unter Druck stehenden Eltern, die ihren Kindern eine optimale Ausbildung angedeihen lassen möchten und bisweilen die Bürde auf sich zu nehmen trachten, ihr Kind notfalls zum Abitur zu schleifen.

Wie sieht unter dem Gesichtspunkt, dem Kind angemessen Verantwortung zu übertragen, die Problemdefinition aus?

1. Die Eltern haben das Problem bzw. die Verantwortung dafür zu tragen, dass ihr Kind die Schule besucht, und sollten zu Hause Rahmenbedingungen schaffen, die es dem Kind ermöglichen, die schulischen Anforderungen zu bewältigen (Raum, Licht, Schreibtisch, Arbeitsmaterialien, Zeit, Ruhe).
2. Die Lehrer haben das Problem bzw. die Verantwortung, die erteilten Hausaufgaben zu kontrollieren, um sich über den Leistungsstand der Schüler zu informieren und den Kindern eine (positive oder negative) Rückmeldung zu geben. Hausaufgaben sind ein wichtiger Prüfstein für Lehrer, um festzustellen, was das Kind kann (nicht seine Mutter oder sein Vater).
3. Das Kind hat das Problem bzw. die Verantwortung, die Hausaufgaben zu erledigen und, wenn es Hilfe benötigt, sich diese bei den Eltern zu holen.

Konsequent umgesetzt heißt das: Die Eltern legen einen Zeitrahmen fest, in dem das Kind die Aufgaben erledigen kann. Das Kind bleibt allein im Raum und holt sich gezielt Unterstützung bei den Eltern. Das bedeutet allerdings nicht, dass die Eltern die Hausaufgaben machen. Die Devise lautet hier: So viel Hilfe wie nötig und so wenig wie möglich! Ist die festgelegte Zeit verstrichen, so werden die Hausaufgaben beendet. Wenn das Kind darauf besteht fortzufahren, kann es das tun. Elterliche Unterstützung steht jedoch dann nicht mehr zur Verfügung. Die Standby-Bereitschaft der Eltern sollte sich auf den festgelegten Zeitrahmen beschränken. So lernt das Kind schnell, seine Aufgaben eigenständig und zügig zu erledigen.

Nicht erledigte Aufgaben werden als Erstes von den Lehrern kommentiert. Sie werden dadurch in schulischen Angelegenheiten für die Kinder die maßgebliche Autorität. Bei Unsicherheiten über die Erwartungshaltung der Lehrer sollten sich die Eltern mit ihnen abstimmen, um die beschriebenen häuslichen Regeln konsequent anwenden zu können.

Wutanfälle

Kinder werden manchmal von ihren Eltern als aggressiv und dominant erlebt; sie sind fordernd, unzufrieden und launisch. Beschreibungen wie »jähzornig«, »schnell zu frustrieren« oder »rastlos« fallen, und häufige Wutanfälle belasten die häusliche Atmosphäre.

Wie sieht unter dem Gesichtspunkt, dem Kind angemessen Verantwortung zu übertragen, die Problemdefinition aus?

1. Die Mutter hat das Problem bzw. die Verantwortung, sich in Gegenwart eines wütenden, tobenden, schreienden, sich vielleicht auf dem Boden wälzenden Kindes nicht in diesen Kampf hineinziehen zu lassen, nicht ihrerseits mit heftiger Wut zu reagieren, zu schreien und einen eskalierenden Konflikt heraufzubeschwören. Eventuell muss sie sich vor verbalen und tätlichen Angriffen schützen.

2. Das Kind hat das Problem, seinen Emotionen ausgesetzt zu sein, sein Verhalten nicht mehr steuern zu können. Es kann

die Verantwortung für sein Verhalten in dieser emotional dichten Beziehung zur Mutter nicht mehr übernehmen.

Appelle an das Kind fruchten in solchen Situationen überhaupt nichts, sie heizen die aggressive Atmosphäre nur weiter an und gefährden die Eltern noch mehr, sich in diesen eskalierenden Prozess hineinziehen zu lassen.

Da diesen Verhaltensweisen in den überwiegenden Fällen ein zu enges Mutter-Kind-Verhältnis (Stichwort schwache Grenzen) zugrunde liegt, kann derartigen Eskalationen nur durch Nähe-Distanz-Regulierungen wirkungsvoll vorgebeugt werden. So schildern Mütter oftmals, dass ihre Kinder diese Wutanfälle nur bei ihnen bekommen und im Kontakt mit Vätern, Großeltern und im Kindergarten solche Eskalationen nicht passieren. Mütter sollten sich innerlich von diesen Wutanfällen distanzieren, in keiner Weise darauf eingehen und dem Kind die Bühne für diesen Auftritt nehmen, indem sie den Raum verlassen.

Folgt das Kind der Mutter oder möchte bzw. muss die Mutter in dem Raum bleiben, in dem das Kind die Inszenierung beginnt, so sollte das Kind in sein Zimmer geschickt werden. Denn in Auseinandersetzungen sollten die Eltern die Atmosphäre bestimmen, sich also von den Kindern innerlich abgrenzen, auf Ablehnung, Wut und Vorwürfe nicht eingehen, sich nicht rechtfertigen und verteidigen und nicht mit eigener Wut und Vorwürfen reagieren. Nur so können Machtkämpfe vermieden werden. Verbitten Sie sich Beschimpfungen, indem Sie das Kind in möglichst ruhigem Ton in sein Zimmer schicken mit der Maßgabe, erst wieder zu erscheinen, wenn es in der Lage ist, ruhig und freundlich mit ihnen zu sprechen. Gehen Sie nicht hinterher, wenn die Kinder wütend in ihrem Zimmer verschwinden. Damit nehmen sie dem Kind die Verantwortung für sein Verhalten. Es spürt, wie schlecht Sie den Konflikt aushalten. Damit kann das Kind Sie lenken statt umgekehrt.

Ist das Kind in seinem Zimmer, kann es die Verantwortung für sein Verhalten wieder übernehmen, da eine »Abkühlungsphase« eintritt, die Emotionen abklingen können und das Kind die Steuerungsfähigkeit wiedergewinnt. Allerdings kann das Kind auch gezielt toben, schreien und weinen, um die Maßnahme der Mutter rückgängig zu machen; auch hier ist dann Nervenstärke gefragt, um dieses Verhalten ignorieren zu können. Kommt das Kind später wieder beruhigt aus dem Zimmer, wird der Vorfall am besten nicht mehr erwähnt.

Auch die Mutter spricht wieder freundlich mit dem Kind, als wenn nichts gewesen wäre. Falls sie allerdings länger zur inneren Beruhigung braucht als das Kind, kann sie das dem Kind mitteilen. Sie schickt es in diesem Falle wieder ins Zimmer und vereinbart mit dem Kind, dass sie die Kinderzimmertür öffnet, wenn sie sich beruhigt hat.

Diese Methode der »Trenntechnik« ist keine Strafe, sondern ermöglicht es Mutter und Kind, angemessen jeweils den Part an Verantwortung zu übernehmen, der jedem zukommt. Kinder reagieren oft, wenn sie in ihrem Zimmer sind, erleichtert und beginnen sehr schnell zu spielen oder sich anderweitig zu beschäftigen.

Lukas ist ein bewegungsfreudiger vierjähriger Junge, der gern in den Kindergarten geht. Die Abholsituation hat sich aber für seine Mutter im Laufe der Zeit zu einem stressigen Ritual entwickelt.

Sobald Lukas seine Mutter im Kindergarten erblickt, verändert sich sein Verhalten auffällig. Der bis dahin muntere und selbstständige Junge beginnt zu quengeln und zu jammern, Jacke und Schuhe kann er plötzlich nicht mehr allein anziehen, die Mama muss helfen und wird Zielscheibe plötzlich auftretender Aggressionen. Je mehr sich die Mutter bemüht, auf Lukas einzugehen, umso schlimmer wird sein Verhalten.

Er möchte zwar mit nach Hause, will aber getragen werden und schlägt nach seiner Mutter, die ihn dann vergeblich zu besänftigen versucht.

Diese Situation ist ein typisches Beispiel für das Phänomen der »Verstrickung«, das in den heutigen Familienstrukturen weit verbreitet ist. Eltern-Kind-Beziehungen neigen zu Verstrickungen, wenn Eltern mit ihren Kindern so umgehen, als seien sie noch viel jünger. Das bedeutet konkret, dass die Eltern für ihre Kinder denken, reden, handeln, fühlen und entscheiden – in Situationen, in denen sie es längst selbst könnten. In unserem Beispiel passt sich Lukas diesem »entwicklungsverzögerten« Elternverhalten an und benimmt sich, als sei er erst ein bis zwei und nicht bereits vier Jahre alt, sobald seine Mutter auf der Bildfläche erscheint.

Es ist sehr schwierig, in der Öffentlichkeit problematische Kreislaufprozesse und Teufelskreise zu durchbrechen. Unter Beobachtung fällt souveränes und überlegtes Verhalten noch schwerer als zu Hause. Außerdem besteht die Gefahr, dass sich »wohlmeinende« Zuschauer mit guten Ratschlägen oder verunsichernden Kommentaren einmischen, sodass mit hoher Wahrscheinlichkeit der Konflikt eskaliert. Es sollte eine häusliche Situation abgewartet werden, in der Lukas sich unselbstständiger und bedürftiger zeigt, als er wirklich ist.

Je ruhiger und gelassener wir Eltern auf das altersunangemessene Verhalten unserer Kinder reagieren und die damit verbundenen Forderungen und Wünsche ignorieren, desto eher wird das Kind sein Verhalten ändern. Wichtig ist es, die beschriebenen »Pingpong-Diskussionen« zu vermeiden und nicht auf die Gefühle und das Verhalten des Kindes (Quengeln, Schreien, Weinen) einzugehen.

Lösung 1

In einer vergleichbaren Situation zu Hause bestünde die Lösung darin, Lukas freundlich und ruhig zu sagen: »Ich weiß, dass du das allein schaffst.« Die Mutter sollte sich dann von ihm abwenden und abwarten, bis er sich angezogen hat. Steigert sich Lukas in den Trotz hinein und verweigert sich beharrlich, so müssen die Eltern den angebotenen Machtkampf vermeiden, indem sie den Jungen in sein Zimmer schicken.

Kinder, die es gewöhnt sind, mit ihren Eltern in Machtkämpfe zu geraten, provozieren diese immer wieder, da sie damit die Eltern steuern können, und zwar emotional wie auch in ihrem Verhalten. Bestimmen wir Eltern wieder das Spiel, übernehmen wir wieder das Steuer, so werden Machtkämpfe vermieden. Falls Lukas auch nach einer halben Stunde (nach dem er in sein Zimmer geschickt wurde) immer noch in seiner Verweigerungshaltung verharrt (diese Situation spricht für eine verfestigte Kampfbeziehung), sollten die Eltern die Atmosphäre positiv verändern: Man kann zum Beispiel mit einem Becher Wasser zu dem Jungen gehen und ihm freundlich etwas zu trinken anbieten, allerdings ohne der Forderung des Kindes, ihm beim Anziehen zu helfen, nachzugeben.

Lösung 2

Wenn Zeitdruck besteht, kann ein Machtkampf auch dadurch vermieden werden, dass die Eltern dem Wunsch des Kindes mit den Worten nachgeben: »Du möchtest wohl mal wieder klein sein. Okay, dann bist du jetzt eben mein Baby.« Das unangemessene Verhalten von Lukas wird akzeptiert, jedoch wird er mit seinem Verhalten konfrontiert. Manchmal ändert das bereits die Einstellung des Kindes, da es zeigen will, wie groß und selbstständig es doch schon ist. Manchmal möchte das Kind aber auch »Baby« sein dürfen, vor allem, wenn noch ein Baby oder Kleinkind als Geschwisterkind in der Familie lebt. So kann diese Situation als Ausnahmesituation klassifiziert und in anderen Situationen ohne Zeitdruck auf Lösung 1 zurückgegriffen werden.

In manchen Situationen bietet sich eine weitere Lösung an, bei der mit dem im Kapitel »Konsequenzen, statt Drohungen und Strafen« ausführlich beschriebenen Werkzeug »Konsequenz« gearbeitet wird, das in vielen Eltern-Kind-Konflikten sehr hilfreich ist.

Lösung 3

Lukas will sich beispielsweise morgens nicht allein anziehen, Mutter oder Vater müssen mit dem Kind aber pünktlich das Haus verlassen, um es in den Kindergarten zu bringen. Bisher hat Lukas es immer wieder geschafft, durch Trödelei, Verweigerung und Spielen die Eltern dazu zu bringen, zu schimpfen, sich aufzuregen und ihm beim Anziehen zu helfen.

Nun wird ein neuer Weg beschritten. Die Eltern legen dem Jungen die Kleidungsstücke heraus; dann wird er sich selbst überlassen. Eine Viertelstunde, bevor die Familie das Haus verlassen muss, wird Lukas freundlich darauf hingewiesen. Fünf Minuten bevor es losgeht, wird das Kind noch einmal informiert. Wenn der Junge nun immer noch nicht angezogen ist, wird ihm gesagt, dass er sich heute im Kindergarten anziehen kann, die Kleidungsstücke würden mitgenommen. Wenn Lukas sich nun doch noch zum Anziehen entschließt, sollte ihm das ermöglicht werden; ansonsten verlässt die Familie mit dem Sohn im Schlafanzug das Haus.

Falsches Mitleid ist an dieser Stelle nicht angebracht, z. B. weil die Witterung zu schlecht ist. Gerade bei winterlichen Temperaturen begreifen Kinder schnell, dass es sinnvoll ist, sich entsprechend anzuziehen. Erfahrungen sind (übrigens nicht nur bei Kindern) oftmals überzeugender als Bitten, Ermahnungen und Drohungen. Erfahrungsgemäß landen Kinder selten häufiger als einmal im Nachtdress im Kindergarten.

Geschwisterstreit

Geschwisterstreitigkeiten sind ein häufiges Thema in der Familie. Der Versuch, sie zu schlichten, führt bisweilen nur zu einer weiteren Zunahme der Konflikte. Die Antwort auf die Frage »Wie können die Eltern am ehesten dazu beitragen, dass die Streitigkeiten abnehmen?« steht wieder in engem Zusammenhang mit der Problemdefinition.

1. Die Kinder haben ein Problem miteinander und tragen es mehr oder weniger lautstark, tatkräftig und die Eltern um Unterstützung bittend aus.
2. Die Eltern haben möglicherweise eines oder mehrere der folgenden drei Probleme, die sie veranlassen einzugreifen:
   - Es droht, »Blut zu fließen«, und zumindest einer der beiden Kontrahenten muss geschützt werden.
   - Es geht bei dem Streit so turbulent zu, dass die Eltern um die Wohnungseinrichtung fürchten.
   - Es wird im Verlauf der Auseinandersetzung so laut, dass die Eltern mit Rücksicht auf das eigene Nervenkostüm (oder das der Nachbarn) dem Streit ein Ende setzen müssen.

Falls keines dieser Probleme vorliegt, sollten die Eltern nicht eingreifen, sondern die Kinder das Austragen von Konflikten üben und erlernen lassen. Liegen jedoch die oben genannten Probleme vor, so sollte die Streithandlung unterbrochen werden, ohne einen wertenden, für das eine oder andere Kind Partei ergreifenden Kommentar abzugeben und ohne ein Kind zu maßregeln (allenfalls alle beteiligten Kinder).

Zur effektiven Unterbrechung solcher Streitigkeiten ist es hilfreich, die Kinder für mindestens 30 Minuten zu trennen. Wenn jeder der Streithähne sein eigenes Kinderzimmer hat, stellt das keine Schwierigkeit dar, ansonsten sollten die Kinder so in der Wohnung »verteilt« werden, dass kein Kind bevorzugt wird. Jeder Versuch seitens der Kinder, dem anderen die Schuld für den Konflikt zu geben und sich über den anderen zu beklagen, sollte sofort gestoppt werden, etwa mit den Worten: »Was hier passiert ist, interessiert mich nicht. Mich interessiert nur, dass es aufhört!«

Nach etwa einer halben Stunde können die Kinder wieder zusammen spielen, sofern sie das wollen. Entsteht neuer Streit, sollte für den Rest des Tages der Kontakt zwischen den Kindern unterbunden werden. Bei einem solchen Verhalten ist mit gleich drei positiven Effekten zu rechnen:

- Der Aufwand für die Eltern ist gering. Ohne Schiedsrichter spielen zu müssen, ohne Recherchen anstellen zu müssen, können sie die Situation beenden.
- Die Schuldfrage klären zu wollen, abzuwägen, wer was zu verantworten hat, ist oft unmöglich und sehr zeitaufwändig. Durch das beschriebene Verfahren besteht nicht die Gefahr, dass die Kinder sich über den Umweg »Geschwisterstreit« Zuwendung und Aufmerksamkeit von den Eltern holen.
- Die älteren Geschwisterkinder erhalten keine Strafen und Vorwürfe und werden nicht zu Sündenböcken abgestempelt. Die jüngeren Geschwister werden nicht ermutigt, Konflikte zu provozieren, da sie keine Unterstützung von den Eltern zu erwarten haben.

In der Geschwisterkommunikation ist die Rangfolge bedeutsam. Die älteren Kinder dominieren die jüngeren, die zu den älteren aufschauen und sich von diesen lenken und beeinflussen lassen. Ein Gefälle ist somit normal und sollte von den Eltern akzeptiert werden. Elterliche Vorstellungen von »Gerechtigkeit« unter den Kindern und »Gleichberechtigung« der Kinder müssen in diesem Kontext relativiert werden.

Gemeinsame Aktivitäten entwickeln und Verantwortung übertragen

Familie K. ist tierlieb, sie hat nicht nur einen Hund, sondern es gibt auch ein Zwergkaninchen, das der achtjährigen Sarah gehört. Sie hat sich vor der Anschaffung bereit erklärt, das Tier regelmäßig zu versorgen und den Käfig sauber zu halten.

Aber nach der anfänglichen Begeisterung wird Sarah immer unzuverlässiger. Die Geruchsbelästigung aus dem ungereinigten Käfig veranlasst die Eltern zu wiederholten Bitten und Ermahnungen. Es wird sogar ein Reinigungsplan erstellt und im Kinderzimmer aufgehängt. Jedoch bleibt es bei leeren Versprechungen, und irgendwann kümmert sich Sarah gar nicht mehr um die Käfigreinigung, obwohl sie offensichtlich an dem Kaninchen hängt, es oft herumträgt und reichlich Streicheleinheiten verteilt. Schleichend wird die Versorgung des Zwergkaninchens vollständig von der Mutter übernommen. Sie sieht sich dazu gezwungen, damit die Ausdünstungen nicht zu einer Geruchsbelästigung für die ganze Familie werden. Außerdem möchte sie ihrem Mann keinen Anlass mehr zu der scherzhaften Drohung geben, dass das Kaninchen über kurz oder lang im Kochtopf landen werde, was bei Sarah regelmäßig helles Entsetzen auslöst.

Lösung

Die Tochter muss endlich verstehen, dass sie für die Versorgung des Zwergkaninchens verantwortlich ist. Nimmt sie diese Aufgabe nicht verlässlich wahr, so muss das Konsequenzen haben. Ihr das nahe zu bringen, ist Aufgabe der Eltern.

Zum Beispiel könnten sie sagen: »Liebe Sarah, du bist ab sofort wieder für die Pflege des Tieres verantwortlich. Füttere es bitte täglich und miste den Käfig aus. Samstags kann ich dir – wenn du willst – bei der Komplettreinigung helfen. Sag Bescheid, wenn du meine Hilfe brauchst. Wenn du allerdings nicht bereit bist, das Kaninchen zu versorgen, geben wir es in bessere Hände ab.«

Nun kann Sarah entscheiden, ob sie das Haustier behalten will oder nicht. Allerdings müssen die Eltern, wenn die Tochter weiterhin ihre Aufgabe vernachlässigt, ohne falsches Mitleid mit der Tochter konsequent sein und das Tier weggeben.

Gemeinsame Aktivitäten, die kontinuierlich gepflegt werden und geprägt sind von positiven, anregenden Erlebnissen – verbunden mit der Erfahrung der Kinder, von ihren Eltern etwas lernen zu können und in ihren Lernschritten begleitet und anerkannt zu werden –, sind heute wichtiger denn je für die Entwicklung der Kinder.

Anerkennung finden Kinder im Zusammenleben, indem sie die Erfahrung machen können, wichtig zu sein und gebraucht zu werden. Die verbindliche Übertragung von Aufgaben, die verlässlich vom Kind erledigt werden müssen, führen eher zu diesen Erfahrungen als sporadische Bitten, »eben mal auszuhelfen«.

Die meist vorwurfsvoll an die Kinder gerichteten Sätze »Räum doch mal dein Zimmer auf!«, »Bring doch auch du mal den Müll weg!« oder »Du könntest dich auch mal nützlich machen!« signalisieren dem Kind, dass es sich irgendwie falsch verhält, die Eltern verärgert und zu deren Beschwichtigung den einen oder anderen Handgriff erledigen sollte. Parallel macht es jedoch die Erfahrung, dass das ganze Unternehmen Familie trotz des Gemeckers der Eltern auch ohne sein Zutun gut läuft. Von ihm als Familienmitglied hängt nichts ab, es wird in der »Service-Station Familie« betreut, versorgt, belehrt und kritisiert. Wirklich gebraucht wird es allerdings nicht.

Ob es den Müll entsorgt, mal einen Einkauf erledigt, mal den Tisch deckt oder auch nicht – all das hat keine Bedeutung, keine Konsequenzen für die Familie. Insofern führt die Erledigung solcher oft in gereiztem Ton angewiesenen »Handlangertätigkeiten« kaum zu einem Gefühl von Anerkennung. Dabei durchleben gerade kleine Kinder Phasen, in denen es für sie mit Anerkennung und Stolz verbunden ist, zu zeigen, dass sie z. B. schon den Tisch decken können.

Die elementare menschliche Sehnsucht nach Anerkennung innerhalb der Familie und Zugehörigkeit kann am ehesten gestillt werden, indem »Familienarbeiten« verbindlich für alle Mitglieder festgelegt werden, auf deren verlässliche Erledigung alle angewiesen sind und deren Vernachlässigung für alle negative Konsequenzen haben. Diese soziale Sanktion und die Erfahrung des Kindes, dass die Erledigung seiner Aufgabe für alle anderen Familienmitglieder bedeutsam ist, pflanzt ihm eher Pflichtgefühl, Zuverlässigkeit und Verantwortungsbereitschaft ein als Kritik, Kontrolle und Moralpredigten.

Gemeinsame Hobbys, Unternehmungen, handwerkliche oder sonstige Tätigkeiten sowie Hobbys der Eltern, in die die Kinder mit einbezogen werden, die Anteilnahme der Eltern an den Interessen der Kinder und festgelegte Familienzeiten tragen zusätzlich dazu bei, das System Familie zu stabilisieren und tragfähige Beziehungen zu schaffen, in denen die Beeinflussung der Kinder vor allem durch das positive Vorbild der Eltern, die gegenseitige Verbundenheit und gemeinsame Ziele erfolgt und Erziehung mit ~ Kontrolle, Druck und negativer Kritik möglich ist.

Konsequenzen statt Drohungen und Strafen

Viele Eltern wissen allerdings, dass sie nicht konsequent genug sind. Aber warum, wenn es ihnen doch offenbar bewusst ist?

Konsequenz erfordert Zeit, Energie und zielgerichtetes Handeln. Vor allem aber hindert ihre Liebe die Eltern daran, mit ihren Kindern konsequenter umzugehen. Wenn die Eltern von den Kindern den Vorwurf zu hören bekommen, sie würden »drohen und erpressen«, führt das zu Unbehagen und einem schlechtes Gewissen. Außerdem haben die Eltern oft Mitleid mit ihren Kindern, wenn diese die negativen Folgen einer eigenen Entscheidung tragen müssen.

Uns Eltern ist die Situation vertraut: Wir möchten unser Kind zu einem bestimmten Verhalten bewegen und kündigen eine Konsequenz an für den Fall, dass es unserer Aufforderung nicht folgt. Wenn wir uns das Erziehungsinstrument Konsequenz allerdings genauer ansehen, erkennen wir, dass Vorwürfe, Selbstbezichtigungen und Mitleid nicht angebracht sind.

Seit Längerem will Anna sich nicht mehr die Zähne putzen. Obwohl die Mutter bereits alle Argumente vorgebracht hat, stets mit gutem Beispiel vorangeht und ihrer Tochter auch das Kinderbuch *Karius und Baktus* vorgelesen hat (in dem wunderbar erklärt wird, welche Schäden es anrichten kann, wenn Kinder sich nicht die Zähne putzen), weigert sich Anna hartnäckig, die Zahnbürste zu benutzen. Auch der Vorschlag der Mutter, dass sie ihr die Zähne putzt, wird von Anna abgelehnt. Nun weiß sich die Mutter keinen Rat mehr und kündigt dem

Kind an: »Wenn du dir nicht die Zähne putzt oder putzen lässt, darfst du eben keine Süßigkeiten mehr essen!«

Anna zeigt sich unbeeindruckt und lässt weiterhin keine Zahnbürste an ihre Zähne. Die Mutter ist frustriert und ratlos, nachdem die Drohung, alle Süßigkeiten zu streichen, die Tochter kalt lässt.

Entscheidend ist, ob die Eltern dem Kind eine wirkliche Wahl zwischen zwei Verhaltensweisen lassen oder ob sie mit einer Drohung das Kind zu einer bestimmten Entscheidung zwingen wollen.

Der Weg wird dann frei für konsequentes Verhalten, wenn dem Kind die Wahl zwischen Weg A und Weg B gelassen wird und die Eltern mit der Entscheidung des Kindes einverstanden sein können, ohne ihr eigenes angestrebtes Ziel aus den Augen zu verlieren. Das Kind muss allerdings die Konsequenzen seiner Entscheidung selbst tragen.

In dem genannten Beispiel bietet die Mutter Anna also zwei Wege an:

A) »Du putzt dir die Zähne und darfst weiterhin Süßes essen.«

B) »Du unterlässt das Zähneputzen und verzichtest auf Süßigkeiten.«

Wenn die Mutter sowohl Weg A als auch Weg B akzeptieren kann, praktiziert sie Konsequenz; wenn sie mit dem Entzug der Süßigkeiten nur in der Annahme droht, dass sich das Kind nun für Weg A entscheiden wird, hat sie eine Drohung ausgesprochen. In diesem Beispiel wurde eindeutig eine Drohung ausgesprochen, da die Mutter Weg B (das Verbot von Süßigkeiten, bis das Kind sich zum Zähneputzen entschließt) nicht akzeptieren konnte.

In diesem Fallbeispiel sehen wir, worin das Problem der Drohungen und Strafen besteht: Kinder, die sich mit den angekündigten »Strafen« einverstanden erklären, um nicht erpressbar zu sein, machen Eltern hilflos. Der Abschreckungseffekt bleibt aus, die Wirkung verpufft.

Lösung 1

Es besteht nun die Möglichkeit, dem Kind folgende Wege anzubieten:

A) »Wir verlassen erst das Bad, wenn du dir die Zähne geputzt hast.«

B) »Wir verlassen erst das Bad, wenn ich dir die Zähne geputzt habe.«

Dem Kind wird wirklich eine Entscheidung ermöglicht. Beide Wege können von der Mutter akzeptiert werden.

Lösung 2

In einem Fall wollte das Kind keines der beiden Angebote akzeptieren. Wenn Kinder die Machtkämpfe derart auf die Spitze treiben, muss immer die Beziehungsebene verbessert werden. Freundlichkeit und Gelassenheit sind nun die obersten Gebote, um elegant der Kampfansage auszuweichen.

Drohungen und Strafen haben die Beziehung bisher verschlechtert. Welche Konsequenz könnte hier gefunden werden?

Ich schlug der Mutter folgendes Experiment vor: Sie sollte dem Kind abends in freundlichem Ton die beiden Möglichkeiten ankündigen. Falls das Kind beide Angebote ablehnte, sollte sie sich ein bequemes Sitzkissen für den Toilettendeckel, ein Getränk und eine Lektüre holen, sich und das Kind im Badezimmer einschließen und es sich auf der Toilette demonstrativ bequem machen. Sie sagte dem Kind in ruhigem Ton, es soll sich melden, wenn es sich entschieden habe, und vertiefte sich anschließend in die Lektüre, ohne das Kind sonderlich zu beachten. Ihr Verhalten signalisierte: »Ich kann mir nichts Angenehmeres vorstellen, als den Abend hier im Bad lesend zu verbringen. Ich habe Zeit ohne Ende.«

Die Mutter berichtete am nächsten Kursabend amüsiert von dem Experiment. Sie hatte sich noch keine 15 Minuten in ihr Buch vertieft, da wurde es dem Kind zu langweilig. Es putzte sich die Zähne und war froh, dass die Mutter daraufhin ihre Lektüre beendete, um ihm im Kinderzimmer die allabendliche Gute-Nacht-Geschichte vorzulesen. Seit dieser »Toilettensitzung« war das abendliche Zähneputzen kein Kampfthema mehr.

Bei diesem Experiment werden mehrere Fallen vermieden.

- Es wird kein Machtkampf begonnen.
- Die Atmosphäre ist nicht gereizt und aggressiv.
- Es werden Vorwürfe vermieden.
- Das Kind erhält nach seiner Verweigerung keine verstärkte Aufmerksamkeit und Zuwendung.
- Die Mutter ist nicht mit dem Zeitargument erpressbar (das geht natürlich nur, wenn kein zweites Kind betreut werden muss bzw. kein Vater dafür bereit steht).

In vielen Situationen ist aber die Drohung offensichtlich, da die Alternative gar nicht möglich ist.

Der Vater sagt zu seinem Sohn: »Wenn du deine Hausaufgaben weiterhin so unordentlich und unvollständig erledigst, verbiete ich dir, mit deinem neuen Mountain-Bike zu fahren!«

Unter dem Gesichtspunkt, das Kind zwischen Weg A und Weg B wählen zu lassen, bietet er dem Sohn folgende Alternative an:

A) »Du erledigst deine Hausaufgaben vollständig und ordentlich und darfst mit deinem Rad fahren.«

B) »Du erledigst deine Hausaufgaben weiterhin unzuverläs-
sig, und du verzichtest aufs Radfahren.«

Es ist klar, dass der Vater den Sohn Weg B nicht gehen lassen
will, sondern hofft, dass der Sohn sich für Weg A entscheidet. Aber gerade Kinder, die sich durch elterliche Drohungen
– also Machtgebaren – in eine Kampfbeziehung haben lo-
cken lassen, spielen diese Machtspiele manchmal bis zur
Selbstschädigung mit. Sie entwickeln Strategien, die den Eltern
ihre Machtlosigkeit vor Augen führen. In dem beschriebenen
authentischen Beispiel sagte der Junge zu seinem Vater: »Du
kannst das Mountain-Bike wieder verkaufen.«

Der Vater kann mit der Entscheidung für Weg B nicht einverstanden sein und fühlt sich machtlos. Der Sohn demons-
triert dem Vater dessen »Machtlosigkeit«, indem er bereit zu
sein scheint, auf das neue Rad zu verzichten. Außerdem konnte er in dieser Situation einschätzen, dass der Vater eine leere Drohung ausgesprochen hatte und der Verkauf des neuen
Mountain-Bikes nicht wirklich drohte.

Kinder akzeptieren Zwänge viel eher, wenn sie nicht mit einer
Drohung verbunden werden, sondern sie sich ihnen im Rahmen
einer eigenen Entscheidung zu beugen lernen.

Werden Konsequenzen richtig angewandt, überlassen Eltern
den Kindern eine Entscheidung, ohne ihnen diese übel zu nehmen. Allerdings müssen die Kinder die Folgen dieser Entscheidung tragen. Die Eltern sollten kein Mitleid zeigen, sondern
darauf vertrauen, dass die Kinder aus Erfahrungen lernen. Und
Kinder korrigieren in der Tat schnell Entscheidungen, die ihnen
Nachteile verschaffen, welche nicht in ihrem Interesse liegen.
Insofern lernen Kinder aus Konsequenzen schnell und nachhaltig. Drohungen und Strafen führen hingegen zu Trotz und Re-
bellion.

Strafen schaden Kindern

Vor diesem Hintergrund wird deutlich, warum Strafen viel weniger effektiv sind als Konsequenzen. Strafen zielen darauf ab, ein Kind zu veranlassen, ein bestimmtes Verhalten nicht zu wiederholen. Bei der Anwendung von Strafen wird davon ausgegangen, dass kein innerer Antrieb (intrinsische Motivation) das Kind veranlasst, sein Verhalten zu ändern, sondern eine Strafe oder Belohnung (extrinsische Motivation) erforderlich ist, um das Verhalten in die gewünschte Richtung zu lenken.

Die häufige Anwendung von extrinsischer Motivation vermindert jedoch die intrinsische Motivation, das zeigen zahlreiche Untersuchungen.

Wie oben beschrieben, können Kinder bei der Anwendung von Konsequenzen eine Entscheidung treffen; sie lernen, ihre Entscheidungen zu korrigieren, wenn die Konsequenzen der bisherigen Entscheidung für sie nachteilig sind. Insofern wird eine Entscheidung, das Verhalten zu ändern, aus Einsicht in die bessere Alternative und damit aus innerem Antrieb getroffen.

> **Ein Beispiel**
> Ein Kind weigert sich, vor dem Verlassen der Wohnung die Schuhe anzuziehen.
> A) Strafe: Das Kind bekommt einen Klaps auf den Po.
> B) Drohung: Das Kind muss auf die Lieblingssendung am Nachmittag verzichten, wenn es die Schuhe nicht anzieht.
> C) Belohnung: Das Kind erhält unterwegs eine Portion Eis, wenn es die Schuhe anzieht.
> D) Konsequenz: Das Kind bekommt die Möglichkeit zu entscheiden und geht mit oder ohne Schuhe an den Füßen aus dem Haus.
>
> Was bewirken die verschiedenen Reaktionen?
> A) Strafe: Sie ist mit Machtdemonstration, körperlicher Aggressivität, Abwertung und der Botschaft verbunden: Du bist un-

einsichtig! Beim Kind sind Trotz und eine Verweigerungshaltung zu erwarten.

B) Drohung: Es wird versucht, mit dem Machtmittel der Erpressung das Kind zur Zustimmung zu bewegen. Das Kind versucht oft erfolgreich, den Eltern das Machtmittel aus der Hand zu nehmen, indem es sich als nicht erpressbar zeigt: »Ich will die Sendung heute gar nicht sehen.« Ein Machtkampf beginnt.

C) Belohnung: Das Kind soll mit einem äußeren Anreiz motiviert werden. Das Kind kann wie bei Reaktion B reagieren: »Ich will kein Eis!« Außerdem besteht die Gefahr, dass die äußeren Anreize immer stärker werden müssen, um zu wirken. Die äußere Motivation wirkt nicht bzw. wirkt immer schwächer.

D) Konsequenz: Das Kind entscheidet sich dafür, ohne Schuhe mitzukommen. Es erlebt die natürlichen Folgen der Entscheidung: Schmerzen und eventuell auch Kälte. Das Kind überdenkt möglicherweise sofort oder aber bis zum nächsten Mal die Entscheidung und ist daran interessiert, die Schuhe anzuziehen. Das Kind trägt nun die Schuhe aus einem inneren Antrieb heraus. Es zeigt sich einsichtig.

Anmerkung: Die körperlichen Schmerzen können bei Reaktion D eventuell stärker sein als beim Klaps von Reaktion A. Dennoch ist die Wirkung des Klapses nur demütigend, die schmerzhafte Erfahrung der nackten Füße hingegen lehrreich.

Offensichtlich sind Konsequenzen den traditionellen Erziehungsmitteln Strafen und Drohungen vorzuziehen. Sie sind zudem ein notwendiges Erziehungsmittel gerade bei Eltern, die auf Drohungen und Strafen verzichten wollen und eine »beziehungsorientierte« Erziehung mit ihren Kindern praktizieren möchten. Eine solche Erziehung baut darauf, dass Kinder auf der Basis einer positiven Eltern-Kind-Beziehung bereit sind, die Erwartungen und Wünsche der Eltern bereitwillig zu erfüllen. Diese Eltern werden schnell ratlos, wenn sie täglich erleben müssen, dass ihre Kinder – und insbesondere Söhne – die Erwartungen der Eltern nicht *erfühlen* können oder nicht *erfüllen* möchten und Grenzen hartnäckig auf ihre Haltbarkeit testen.

Ehepaar B. hat mit seinem Jüngsten, Tobias, neuerdings ein Problem, das es zwar auch schon von ihrem mittleren Kind, der Tochter Carla, kennt; jedoch funktioniert beim Sohn die bei der Tochter so erfolgreich angewandte Methode, die das Problem löste, überhaupt nicht. Mit Carla hatten die Eltern, nachdem das Kind wochenlang über zwei Stunden täglich an den Hausaufgaben gesessen hatte, vereinbart, dass nach spätestens 45 Minuten die Hausaufgaben beendet werden und Carla gegebenenfalls auch mit unvollständigen Hausaufgaben zur Schule geht.

Carla hatte sich, wie von den Eltern erwartet, gegen diese Maßnahme gewehrt, da sie unbedingt mit vollständigen Hausaufgaben zur Schule gehen wollte. Nachdem Frau B. einige Male die neue Hausaufgabenregel umgesetzt hatte, erledigte die Tochter die Aufgaben schneller, und bald schaffte Carla die Aufgaben in der vorgegebenen Zeit.

Als Frau B. diese Regel auch bei Tobias anwenden wollte, reagierte der Junge – für die Eltern überraschend – völlig anders als die Schwester. Er wirkte regelrecht erleichtert, nach 45 Minuten die Hefte zuklappen zu dürfen, und hatte offenbar kein Problem damit, der Lehrerin die Hausaufgaben unvollständig vorzulegen. Nachdem er mehrere Male seine Aufgaben nicht erledigt hatte, forderte die Lehrerin ihn auf, künftig die Hausaufgaben komplett mitzubringen. Er erwiderte: »Ich darf die Hausaufgaben nicht fertig machen, das haben meine Eltern verboten.«

Jungenerziehung

Kinder brauchen Grenzen – und Jungen ganz besonders

Mütter, Erzieherinnen und Lehrerinnen begleiten die Kinder bis in die Pubertät hinein, der Einfluss männlicher Bezugspersonen ist begrenzt. Doch Frauen sind naturgemäß mädchentypische Verhaltenweisen vertrauter als jungentypische.

Insofern versagt der weibliche Erziehungsstil bei Jungen öfter und führt schnell zu Respektlosigkeit und häufigen Regelverletzungen. Aus Hilflosigkeit und Unwissen wird auf das Versagen dieser Erziehungsmethode mit Maßnahmen der Stigmatisierung (schlechte Benotung), Pathologisierung (inflationäre ADHS-»Diagnosen«) und Ausgrenzung (Nichtversetzung und Schulverweise) reagiert.

Kinder benötigen zur stabilen Identitätsentwicklung Betreuung und Begleitung durch gleichgeschlechtliche Erwachsene. Mädchen werden in ihrer Sozialisation kontinuierlich von Frauen – Müttern, Erzieherinnen, Lehrerinnen – begleitet. Randständige, oft abwesende Väter, nahezu männerfreie Tageseinrichtungen für Kinder und Grundschulen verhindern jedoch eine stabile Identitätsentwicklung bei vielen Jungen.

Mädchen bevorzugen sozial integrative Rollenspiele, die generell positiv bewertet werden; Jungen dagegen sind stärker konkurrenzorientiert, lieben Kampf- und Raufspiele. Dieses Potenzial muss in sozial akzeptable Bahnen gelenkt und darf nicht in erster Linie negativ sanktioniert werden. Außerdem sind Jungen sehr an Computerspielen mit Action- und Kampfszenen interessiert und verbringen viel Zeit mit elektronischen Medien. Diese Tätigkeiten erhöhen das Bedürfnis, diese Inhalte spielerisch

»auszuagieren«. Doch nach neuesten Untersuchungen löschen derartige affektiv aufgeladene Szenen zuvor Gelerntes.

Mädchen sind anders, Jungen auch

Worin unterscheiden sich Mädchen von Jungen? Die Unterschiede sind trotz aufbrechender Rollenmuster und der Vermeidung einer geschlechtsspezifischen Kindererziehung offenkundig:

Jungen sind tendenziell »grobmotorischer« als Mädchen. Sie haben einen höheren Bewegungsbedarf. Längere Phasen von diszipliniertem Verhalten lösen bei ihnen in höherem Maß motorische Unruhe aus (ein Umstand, dem übrigens gerade im Schulsystem nicht genügend Rechnung getragen wird). Mädchen sind tendenziell »feinmotorischer«. Sie erfüllen damit die schulischen Anforderungen leichter.

Jungen reagieren auf der Beziehungsebene anders als Mädchen. Sie sind weniger harmonieorientiert, passen sich Erwartungen weniger schnell an als Mädchen und lassen sich daher über das »soziale Gewissen« weniger gut lenken. Mädchen möchten elterliche (und schulische) Erwartungen erfüllen und nehmen diese auch feinfühliger als Jungen wahr.

Kindererziehung findet jedoch in einem Kontext statt, in dem der »weibliche Erziehungsstil«, der auf das kindliche Einfühlungsvermögen und Harmoniebedürfnis baut (»Dann ist die Mama ganz traurig«, »Tu der Mama doch den Gefallen«) dominiert. Mädchen ist dieser Stil gemäßer, sie reagieren oft sensibel auf Erwartungshaltungen von Eltern und Lehrern. Jungen warten eher ab, welche Konsequenzen es hat, wenn sie Regeln nicht befolgen. Sie fragen manchmal ganz offen: »Was passiert mir denn, wenn ich das nicht mache?« Sie taxieren den Preis für die Regelverletzung und entscheiden dann, ob er zu hoch ist.

Angesichts dieser Unterschiede und der Abwesenheit von Vätern, Erziehern und Lehrern, müssen Mütter und Lehrerinnen bei der Jungenerziehung einen Stil praktizieren, der ihnen schwer fällt. Jungen sind – ebenso wie Männer – stärker hierarchieorientiert (so fragen sie ihre Väter gern: »Papa, bist du bei der Arbeit der Chef?«), ihnen imponiert Stärke, Kraft und Durchsetzungsfähigkeit. Insofern ist die beschriebene Erziehung, die auf Anpassungsbereitschaft und Harmoniestreben von Kindern baut, oft nicht erfolgreich. Vätern fällt es tendenziell (aber auch nicht immer) leichter, ohne falsches Mitleid und schmerzliches Mitgefühl, ohne Diskussion und Rechtfertigung Kindern die Konsequenzen ihres Verhaltens zuzumuten und sie mit elterlichen Entscheidungen zu konfrontieren. Jungen können besser damit umgehen, wenn sie eine klare Ansage in freundlichem Ton mit absehbaren Konsequenzen bei Verweigerung erhalten.

Kehren wir noch einmal zu Carla und Tobias und den unvollständigen Hausaufgaben zurück. Wie könnte nun hier die Lösung aussehen?

Die Kinder, die wiederholt die Hausaufgaben unvollständig oder gar nicht abliefern, sollten in der Schule die Aufgaben nacharbeiten. Damit würden mehrere Ziele erreicht:

1. Die Kinder können mit dieser Konsequenz entscheiden, ob sie die Aufgaben künftig zu Hause oder in einer zusätzlichen Schulstunde erledigen wollen.
2. Die Lehrer erhalten eine klare Rückmeldung, was die Kinder in welcher Zeit selbstständig erarbeiten können.
3. Die Eltern stehen nicht mehr unter dem belastenden Druck, für die vollständige Erledigung der Hausaufgaben sorgen zu müssen.

Reden ist Silber, Handeln ist Gold

Diese Empfehlungen verdeutlichen, wie wichtig die Handlungs-
ebene im Umgang mit Kindern ist. Worte bekommen Gewicht
durch die dahinter stehende Handlung. Gegen Gardinenpredigten, Schimpftiraden, gebetsmühlenartig wiederholte Bitten,
Aufforderungen und (leere) Drohungen stumpfen Kinder ab,
werden dickfellig und »schwerhörig«. Der inflationäre Charakter
von Worten nimmt zu, wenn Kinder die Erfahrung machen, dass
logische und natürliche Konsequenzen ausbleiben.

Bei der Umsetzung dieser für viele Eltern einleuchtenden
Verhaltensstrategien tauchen allerdings nicht selten Hindernisse
auf, die die Eltern davon abhalten, ihrer Einsicht zu folgen.

Denkhemmungen

Auch Eltern, die den Wert praktischer Konsequenzen anerkennen, fällt es oft schwer, ihr Wissen umzusetzen. Sie scheuen oft
davor zurück, ihren Kindern die mit diesen Konsequenzen verbundene Verantwortung für ihr Verhalten zu übertragen. Sie haben Mitleid mit den Kindern und empfinden die Konsequenzen
als zu hart.

Oftmals berichten Eltern, dass sie keine Ideen haben, mit welchem Verhalten sie eine situationsbezogene logische Konsequenz
folgen lassen können. Diese »Denkhemmung« hat ihre Ursache
nicht allein in mangelnder Übung, sondern vor allem in der inneren Hemmung, Kindern die Folgen ihres Handelns zuzumuten (und damit auch zuzutrauen). Doch sobald Eltern die oben
beschriebene Problemdefinition vornehmen und einen Blick

für den Unterschied zwischen ihrer Verantwortung und der ihrer Kinder entwickeln, fallen ihnen Ideen zur Umsetzung zu wie reife Äpfel von den Bäumen.

Die »Das funktioniert doch sowieso nicht«-Blockade

Ein weit verbreitetes Reaktionsmuster von Eltern auf Anregungen und Beispiele für logische und natürliche Konsequenzen, mit denen sie sich den Machtkämpfen mit ihren Kindern entziehen könnten, ist die Beschreibung von Verhaltensweisen der Kinder, die es scheinbar unmöglich machen, Veränderungen herbeizuführen. Die Kinder werden als so hartnäckig im Widerstand und willensstark (entweder aus aggressiven oder aus ängstlichen Impulsen heraus) beschrieben, dass sie vor dem geistigen Auge des Familienberaters zu Monstern, Mimosen oder Mäuschen würden, könnte er sich nicht selbst davon überzeugen, dass es ganz normale Kinder sind, die mit ihren aggressiven, beleidigten oder ängstlichen Reaktionen die Eltern stark verunsichern. In den meisten Fällen werden *vermutete* Reaktionen der Kinder geschildert: »Mein Kind würde …«, »Aber was mache ich, wenn mein Kind dann …«. Oder der von den Kindern entwickelte Widerstand gegen Maßnahmen veranlasst die Eltern, frühzeitig bei der Umsetzung zu resignieren.

Deutlich ist dieses Phänomen immer wieder bei der »Trenntechnik« zu beobachten. Bei dem Versuch, z. B. ein vierjähriges Kind in sein Zimmer zu schicken oder innerhalb einer Familienberatung zu veranlassen, sich auf einen Stuhl neben die Eltern zu setzen, statt ängstlich auf Mutters Schoß zu sitzen oder immer wieder zu stören, setzen Eltern oftmals nur einen Bruchteil ihrer Energie ein, um dieses Ziel zu erreichen.

Frau L. hat als allein erziehende Mutter eines sechsjährigen Jungen viel Stress. Sie arbeitet bis 16.00 Uhr und holt dann müde ihren Sohn aus dem Hort ab, in den er nach der Schule geht. Seit Leon die Schule besucht, sind die Nachmittage geprägt von Auseinandersetzungen. Frau L. ist verärgert, da Leon in der Betreuung oft nicht alle Hausaufgaben erledigt hat und sich weigert, zu Hause den fehlenden Rest nachzuarbeiten. Frau L. fühlt sich überfordert, schimpft und schreit, und Leon reagiert mit Beleidigungen, schlägt nach seiner Mutter und zerstört Gegenstände. Abends, wenn Leon beim Zubettgehritual mit seiner Mama kuscheln will, spürt Frau L., dass sie keine liebevollen Gefühle mehr für ihren Sohn hat und die körperliche Nähe zusehends als unangenehm empfindet.

Frau L. hat den Eindruck, dass die Situation immer schlimmer wird. Obwohl sie sich in letzter Zeit mit Kritik gegenüber Leon zurückhält und ihm eher aus dem Weg zu gehen versucht, provoziert Leon sie immer häufiger. Seine Beschimpfungen werden immer heftiger, er scheint diese eskalierenden Auseinandersetzungen bewusst herbeizuführen. Frau L. hat bereits starke Schuldgefühle und das Gefühl, eine »schlechte Mutter« zu sein. In diesem Teufelkreis verstärken sich negative Zuwendung und problematisches Verhalten gegenseitig.

Lösung

Wenn Frau L. nachmittags mit ihrem Sohn nach Hause kommt, geht dieser für eine Stunde in sein Zimmer, um sich von dem anstrengenden Tag zu erholen. Sie selbst nutzt diese Stunde auch als Atempause und/oder erledigt Hausarbeit. Nach dieser Stunde beschäftigt sie sich eine bestimmte Zeit spielend mit dem Sohn und sieht sich die Hausaufgaben an. Sie vermeidet Kritik und würdigt die Arbeiten, die er erledigt hat. Wenn Aufgaben fehlen, schlägt sie ihm vor, dass er sie noch erledigen sollte. Weigert er sich, lässt sie ihn – ohne Kritik zu äußern – mit unvollständigen Hausaufgaben zur Schule gehen.

Nach anfänglichem Protest akzeptierte Leon die einstündige Auszeit. Die Atmosphäre wurde zunehmend entspannter, Leon beendete die Provokationen und wüsten Beschimpfungen und setzte sich manchmal an seinen Schreibtisch, um fehlende Hausaufgaben zu erledigen, vor allem, wenn die Lehrerin diese eingefordert hatte.

Der Ton zwischen Mutter und Sohn wurde wieder freundlich, und Frau L., die sich anfangs zur Ruhe zwingen musste und der es schwer fiel, keine Kritik zu äußern, konnte wieder ihre Zuneigung zu dem Jungen spüren und ihn abends zum Kuscheln wieder gern in den Arm nehmen.

Der freundliche Blick

Alle kennen Situationen, in denen man sich durch Ängste, Befürchtungen und negative Erwartungshaltungen um Chancen bringt und stattdessen in Schwierigkeiten gerät. Aufgrund der fatalen Einstellung »Das klappt bestimmt nicht« bringen wir nur ein Minimum an Energie und Motivation für ein Vorhaben auf und scheitern deshalb meist. Mit der misstrauischen Überzeugung »Mein Gegenüber lehnt mich ab« lösen wir diese unterstellte Haltung erst aus. Unter dem Begriff »sich selbst erfüllende Prophezeiungen« ist dieses Phänomen bekannt und führt auch in Eltern-Kind-Beziehungen zu – durchaus vermeidbaren – Problemen.

Die Fixierung auf das Negative

Kinder provozieren immer dann negative Zuwendung, wenn diese erheblich leichter zu erhalten ist als positive Zuwendung. Gerade in belasteten Situationen reagieren Eltern eher auf »störendes« Verhalten ihrer Kinder als auf akzeptables. Hinzu kommt, dass es eine allgemeinmenschliche Neigung ist, auf Störungen sensibler zu reagieren als auf problemfreie Situationen (das ist eine evolutionäre Errungenschaft, die die Überlebenschancen erhöht).

Die »Fixierung auf das Negative« führt zu einer selektiven Wahrnehmung des Kindes. Es erfährt Aufmerksamkeit, Zuwendung und Ansprache (wenn auch oft in Form von Schimpfen, Drohen, Kritik etc.), wenn es negativ auffällt. Verhält sich das Kind »unproblematisch«, müssen die Eltern nicht reagieren, sie können »abschalten« oder Haushaltspflichten erledigen und Geschwisterkinder versorgen.

Das Kind und die Eltern geraten immer tiefer in einen Teufelskreis:

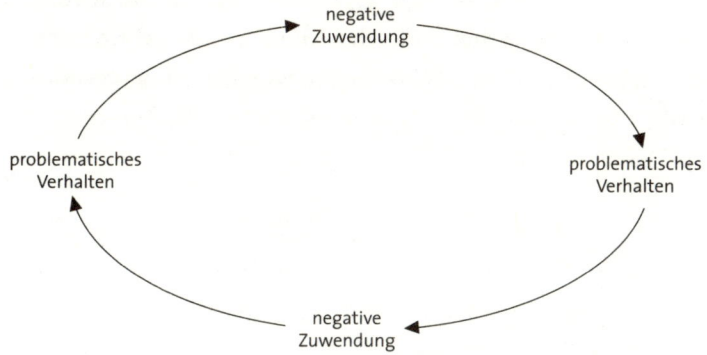

negative
Zuwendung

problematisches
Verhalten

problematisches
Verhalten

negative
Zuwendung

Eine eskalierende Spirale, an deren Ende oft Gewalthandlungen gegenüber dem Kind stehen, ist vorprogrammiert. Umso wichtiger ist es für uns Eltern, darauf zu achten, nicht so häufig in diesen Teufelkreis zu geraten bzw. schnell wieder herauszufinden.

Erst wenn dieser Teufelskreis durchbrochen wird, das Kind Chancen hat, positive Zuwendung und Aufmerksamkeit zu erhalten, und eine optimistische Erwartungshaltung bei den Eltern spürt, wird es auf provokatives und destruktives Verhalten verzichten.

Eltern, die unter chronischer Belastung stehen (Ehekrise, Existenznöte, schwere Erkrankungen, seelische Probleme wie z. B. Depressionen) und dadurch keine Kraftreserven mehr haben, um positiv auf das Kind zu reagieren, benötigen professionelle Hilfe von außen, um aus diesem Teufelskreis herauszukommen.

In vielen Fällen führt jedoch schon ein »mentales Umschalten« zu erstaunlichen Verbesserungen des kindlichen Verhaltens. Der gezielte »positive Blick« auf das Kind, die selektive Suche nach Möglichkeiten, es zu bestätigen, zu loben, ihm Gelegenheit zu geben zu zeigen, was es kann (auch Aufgaben und Pflichten!), eröffnet dem Kind den Weg, positive Beachtung zu erreichen, und es kann auf negative verzichten. Es wird sich angenommen, bestätigt und geliebt fühlen – die besten Voraussetzungen, um sich so zu verhalten, wie es von ihm gewünscht wird.

Nicht »nicht« denken

Das Ehepaar A. hat eine abendliche Einladung und wagt es zum ersten Mal, ihre Kinder Lisa und Max allein zu Hause zu lassen. Die Eltern erlauben ihnen, bis zu ihrer Rückkehr wach zu bleiben, stellen Getränke und etwas Obst bereit und geben noch ein paar Instruktionen. Auf Klingeln an der Haustür sollen die Kinder nicht reagieren, und sie dürfen sich jederzeit telefonisch bei den Eltern melden.

Bevor die Eltern gehen, hat der Vater insbesondere für Max noch einen wichtigen Hinweis: Die Familie hat den Kanarienvogel der Nachbarn für einige Wochen zur Pflege übernommen, er steht im Schlafzimmer der Eltern auf dem Kleiderschrank. Der Vater geht mit Max und Lisa zum Vogelkäfig und macht ausdrücklich darauf aufmerksam, dass der Vogelbauer kein Spielzeug ist und der Käfig nicht geöffnet werden darf.

Als die Eltern am späten Abend von der Feier zurückkehren, sitzt der Vogel verschreckt auf einer Gardinenstange und der Käfig liegt beschädigt auf dem Wohnzimmerteppich. Max steht das schlechte Gewissen ins Gesicht geschrieben. Durch den gezielten Hinweis des Vaters und die Worte »Spielzeug« und »Käfig öffnen« wurde wahrscheinlich für Max der Vogelkäfig erst zum Objekt der Begierde.

Lösung

Die Eltern sollten die Aufmerksamkeit der Kinder gezielt
auf die Dinge lenken, die für sie gedacht sind: In diesem
Fall: Spiele, Getränke, Obst. Das elterliche Schlafzimmer
könnte – ohne die Kinder darauf hinzuweisen – abgeschlos-
sen werden, um ganz sicherzugehen, dass der Vogel ungestört bleibt. Zielorientierte, positive Aussagen (»Da stehen
Getränke und Obst für euch«) verhindern das hypnotische
Aufmerksammachen auf Verbotenes.

Auch in der Art, wie wir Kinder korrigieren, können wir sie dazu
veranlassen, gerade das Gegenteil von dem zu tun, was wir erreichen möchten, weil sie sich negativ wahrgenommen fühlen und
wir Eltern sie auf dieses Negative fixieren.

Wir reagieren besonders stark auf Störungen. Wir springen
geradezu auf Verhaltensweisen von Kindern an, die uns ärgern
und nervös machen, die wir korrigieren wollen oder müssen:
»Sei nicht so laut!«, »Zappel nicht so rum!«, »Lauf nicht auf die
Straße!«, »Hör auf, dein Brüderchen zu schlagen!«.

Das Experiment Grün

Um herauszufinden, was solche Sätze beim Kind bewirken, stellen Sie sich bitte einen Augenblick lang *nicht* die Farbe Grün vor.
Denken Sie eine Minute lang nicht an die Farbe Grün. Und zwar
ab jetzt ...

Und nun seien Sie ehrlich: Woran denken Sie? Was haben Sie
vor Augen? Genau – die Farbe Grün!

Sie sind meiner Bitte im Grunde gefolgt, nur mit dem kleinen
Schönheitsfehler, das Gegenteil von dem getan zu haben, was
ich wollte. Da Sie wie alle denkenden Lebewesen nicht »nicht«
denken können, haben Sie – je häufiger ich es erwähnte, desto
stärker – an die Farbe Grün gedacht.

Auch Kinder folgen den suggestiven Botschaften der oben erwähnten Ermahnungen, die sich dann so anhören: »Sei laut!«, Zappel rum!«, »Schlag das Brüderchen!«. Diese Argumentation mag etwas »kommunikationstheoretisch« klingen, da Kinder in der Regel sehr wohl verstehen, dass sie mit einem bestimmten Verhalten aufhören sollen. Da die Aufmerksamkeit der Kinder jedoch hypnotisch auf das gelenkt wird, wovon wir sie abbringen wollen, werden sie daran gehindert, uns »mental« zu folgen. Das können sie eher, wenn wir ihre Aufmerksamkeit auf etwas lenken, das sie stattdessen tun sollen: »Mark, psst, leise spielen, Lisa schläft!«, »Anne, sitz still, solange du isst!«, »Jan, komm an meine Hand!«, »Carla, das tut Tobias weh, komm zu mir!«.

Die namentliche Ansprache weckt sofort die Aufmerksamkeit des Kindes, unterbricht die momentane Handlung und macht neugierig auf das, was kommt. Es folgt eine klare »Zielvorgabe«, es wird das konkrete, gewünschte Verhalten benannt. Außerdem wird dem Kind signalisiert, dass ihm das erwartete positive Verhalten zugetraut wird.

Der Umgang mit Gefühlen

Erziehungsratgeber laufen in der Regel Gefahr, den Eltern im Hinblick auf die eigenen Gefühle ein schlechtes Gewissen einzupflanzen. Es werden einfache und wirkungsvolle Lösungen vorgestellt und plausible Ratschläge gegeben, deren Umsetzung den Eltern aber oftmals nicht gelingt, sodass sie sich in der Folge als Versager fühlen. Der Hauptgrund für die Schwierigkeiten in der Umsetzung sind Emotionen, die die Eltern »irrational« handeln lassen oder die die Kinder in Konfliktsituationen entwickeln und damit ihre Eltern »schachmatt« setzen.

Eine wesentliche Ursache für die Schwierigkeiten, mit denen sich Eltern konfrontiert sehen, wenn sie versuchen, Machtkämpfe zu vermeiden, Konsequenzen wirken zu lassen und zielgerichtet zu handeln, sind schwächende Gefühle der Wut und Enttäuschung. Die emotionale Nähe zum Kind, auf dessen Wünsche, Stimmungen und Verstimmungen oftmals sofort eingegangen wird, lässt die Eltern emotional abhängig und verletzlich gegenüber dem Kind werden. Das zeigt sich dann, wenn ein trotziges und ablehnendes Verhalten des Kindes sie schnell wütend macht, sodass sie es lauthals beschimpfen oder sogar schlagen (übrigens wird heute sehr viel seltener ein Kind »gezüchtigt«, also aus einer pädagogischen Entscheidung heraus gezielt körperlich bestraft, als in Zeiten der autoritären Erziehung, sondern Eltern schlagen im Affekt, aus einem Gefühl der Ohnmacht und blinden Wut heraus). Die Kinder in der heutigen Kleinfamilie sind die zentralen Bezugspersonen der Erwachsenen; sie bekommen die Rolle zuerkannt, darüber zu entscheiden, ob die Eltern sich richtig verhalten. In ihrer Bedürftigkeit übertragen die Eltern den Kindern eine Verantwortung, die diese überfordert und bei ihnen langfristig Schuldgefühle auslöst.

Emotionen in der Erziehung

Gefühle haben zunächst einmal positive Wirkungen in der Erziehung von Kindern. Freude, Zärtlichkeit und herzliche Verbundenheit, aber auch Ärger, Wut und Enttäuschung gehören zum Familienalltag. Gefühle entstehen dabei nicht aus heiterem Himmel, sondern aus bestimmten Beziehungskonstellationen heraus. Wenn diese Beziehungen problematische Muster aufweisen, entwickeln sich auch Emotionen, die problematisch wirken.

Wut, Ärger und sogar Hassgefühle können angemessen sein und positiv wirken, wenn sie aus einer konkreten Situation entstehen, in der jemand beispielsweise gekränkt, belogen oder gar verletzt wird. Sie ebben ab, wenn die Situation vorbei oder der Konflikt bereinigt ist.

Unangemessen sind sie da, wo sie bei geringen Anlässen auflodern, lange über die konkrete Situation hinaus andauern und von dem Betreffenden so stark Besitz ergreifen, dass ihm die Steuerung der Gefühle entgleitet. Das kann zwei Ursachen haben:

• Entweder rühren diese Emotionen aus der Vergangenheit, von Kindheitserfahrungen und seelischen Verletzungen her und werden durch geringfügige Anlässe wachgerufen, sodass sie zur aktuellen Situation unpassend stark hervorbrechen. Wenn das häufig geschieht, ist eine therapeutische Aufarbeitung ratsam.

• Oder die aktuellen Beziehungsmuster rufen diese heftigen Emotionen wach und belasten das familiäre Zusammenleben. In diesen Fällen sind die Gefühle ein Warnsignal und geben Auskunft über problematische Kreislaufprozesse, Nähe-Distanz-Probleme und unklare Hierarchien in der Familie. Hier ist eine Erziehungsberatung empfehlenswert, die das gesamte »System Familie« im Blick hat.

Eine Mischung beider Ursachen kommt übrigens ebenfalls häufig vor, da erlernte problematische Muster oft aus der Herkunftsfamilie in die Gegenwartsfamilie »mitgenommen« werden.

Sätze wie: »Ich habe dich nicht mehr lieb«, »Du bist eine böse Mama!« sowie beleidigte Rückzüge ins Kinderzimmer, Schmoll- und Traurigkeitsreaktionen lösen vor allem bei Müttern nicht nur ein schlechtes Gewissen und falsches Mitgefühl aus. Sie fühlen sich auch manchmal selbst abgelehnt, in Frage gestellt, ungeliebt und emotional verletzt, da sie die Zuneigung des Kindes und dessen Bestätigung, dass sie selbst eine gute Mutter sind, fast ebenso sehr brauchen wie das Kind die Zuwendung der Eltern.

In Konflikten, die sich aus dieser beschriebenen Dynamik speisen, empfiehlt es sich, als Eltern dafür zu sorgen, dass ein Hochschaukeln der Gefühle vermieden wird. Eine Situation droht umso eher aus dem Ruder zu laufen, je emotional erregter die Beteiligten sind; daher muss das oberste Ziel sein, sich zu beruhigen. Die physiologischen Reaktionen, insbesondere den erhöhten Herzschlag, zu beeinflussen, ist die wichtigste Voraussetzung, um sich zu beruhigen und den Konflikt konstruktiv zu lösen.

Immer mit der Ruhe

Beruhigung ist das physiologische Gegenteil von Überforderung. Ab einem bestimmten Punkt der Erregung (wenn der Pulsschlag um ca. zehn Prozent höher liegt als im Normalzustand) setzt der Körper deutlich größere Mengen Adrenalin frei als gewöhnlich und löst damit eine panikartige Kampf- bzw. Flucht-Stressreaktion aus, die es praktisch unmöglich macht aufzunehmen, was das Gegenüber sagt.

Außerdem ist in solchen Stresssituationen ein weiterer Mechanismus wirksam, der so genannte »Erregungsübertragungseffekt«. Es ist wahrscheinlich, dass sich die vom Kind ausgedrückte Gefühlsäußerung auf die Erwachsenen überträgt (und umgekehrt). Mit anderen Worten: Die physiologische Erregung des einen führt dazu, dass das Gefühl beim anderen verdoppelt wird.

Unterbrechen Sie als Mutter oder Vater die Situation und legen sie eine Pause ein. Nutzen Sie die Pause, um alles zu tun, was zur Beruhigung beiträgt. Schreiben Sie ihr inneres Drehbuch um:

1. Verletzende und rachsüchtige Kommentare, die Ihnen durch den Kopf schießen und die Spannungen aufrechterhalten oder sogar steigern, sollten Sie durch beruhigende und aufbauende Gedanken ersetzen.

2. Nutzen Sie die Pause, um negative Gedanken durch beruhigende und aufbauende Sätze der folgenden Art zu ersetzen:
   - »Reg dich ab und atme ein paar Mal tief durch.«
   - »Du darfst das nicht persönlich nehmen.«
   - »Das Kind ist wütend, aber das ist kein persönlicher Angriff.«
   - »Es geht eigentlich nicht gegen dich. Das Kind braucht einen Blitzableiter.«
   - »Das Kind ist im Grunde okay. Es hat heute nur einen schlechten Tag.«

3. Eine räumliche Trennung hilft, diese innere Distanzierung zu erreichen. Schicken Sie das Kind in sein Zimmer – mindestens so lange, bis Sie sich beruhigt haben.

Kinder brauchen Väter

In vielen Familien bleiben die Väter noch immer zu sehr im Hintergrund und spielen für die kindliche Entwicklung kaum eine Rolle. Doch das Argument »zu wenig Zeit« gilt nicht, da die Qualität und nicht allein die Quantität in der Eltern-Kind-Beziehung ausschlaggebend ist. Auch für beruflich stark beanspruchte Mütter ist eine intensive Beziehung zu ihren Kindern eine Selbstverständlichkeit. Ein verändertes Rollenverständnis von Mutter und Vater kann es erst dann geben, wenn die Bedeutung der Väter für die kindliche Entwicklung einen mit der Bedeutung der Mütter vergleichbaren Stellenwert erhält.

Die große Bedeutung der Väter für die Geschlechtsrollenidentität der Söhne ist hinlänglich nachgewiesen. Ebenso verstärken die Väter die weibliche Geschlechtsrollenidentität im Hinblick auf die späteren Beziehungen der Töchter zu Männern. Darüber hinaus werden bei Kindern durch eine stabile Vater-Kind-Beziehung die kognitive Entwicklung und die Leistungsmotivation positiv beeinflusst.

Der an den Kindern interessierte, in die Familie integrierte Vater sollte mit der Mutter das Zentrum der Familie bilden. Eine eigenständige und damit eigenverantwortliche Beziehung der Väter zu ihren Kindern ist ein wichtiger Schritt in diese Richtung. Die Mutter sollte nicht zwischen Vater und Kind vermitteln (»Der Papa ärgert sich, wenn du so laut bist!«), der Vater sollte nicht den Kontakt zum Kind über die Mutter laufen lassen (»Hat der Junge seine Hausaufgaben erledigt?«). Klare Absprachen darüber, wann wer für die Versorgung und Betreuung der Kinder verantwortlich ist, unterstützen die Eigenverantwortlichkeit der Väter und helfen den Müttern, die Kinder loszulassen. Wenn beide Eltern gemeinsam die Kinder versorgen, sollte klar sein, wer was macht, und jeder sollte es auf seine Weise tun können.

Familie L. macht Urlaub auf dem Campingplatz. Morgens spielt sich seit Tagen das Gleiche ab: Die Mutter bereitet das Frühstück vor, der Vater dreht eine Runde mit dem Hund und bringt die Brötchen mit. Die Söhne Leo und Luca streiten sich und toben durch den Wohnwagen und das Vorzelt. Bitten und Ermahnungen der Mutter verhallen ungehört.

Der Vater kehrt zurück und ruft die Kinder ebenfalls vergeblich zur Ordnung. Die durch Streitereien aufgeputschten Kinder bleiben während des Frühstücks unruhig und ärgern sich gegenseitig. Da platzt dem Vater der Kragen, er brüllt die Kinder an. Die Mutter schaltet sich ein, wirkt mäßigend auf ihren Mann ein und fordert ihn auf, nicht ständig so laut zu schreien, dass es auf dem ganzen Campingplatz zu hören sei und man sich schon schämen müsse. Der Vater schimpft über das Benehmen der Jungs und erwidert, dass deren Verhalten eher dazu Anlass gibt, sich zu schämen. Die beiden Jungen grinsen sich verstohlen an, die Eltern verstummen, und die Atmosphäre bleibt lange angespannt und gereizt. Nur der Hund wartet freudig mit dem Schwanz wedelnd auf sein morgendliches Brötchen.

Am nächsten Morgen reicht es dem Vater. Er gibt den Söhnen den Auftrag, mit den Rädern ins Dorf zu fahren und beim Bäcker die Brötchen zu kaufen, während er den morgendlichen Gang mit dem Hund absolviert. »Wenn ihr schon morgens nicht wisst, wohin mit euren Kräften, dann könnt ihr euch auch nützlicher austoben!« Die Mutter findet die Maßnahme zu hart, der Weg zum Bäcker ist ihrer Auffassung nach zu weit und beschwerlich für die Söhne. Sie diskutiert ihre Bedenken mit ihrem Mann. Die Söhne hören aufmerksam zu. Herr L. besteht auf dieser Maßnahme, und Frau L. lenkt ein. Als der Vater vom Hundegang zurückkommt und die Mutter von den Sanitäranlagen des Campingplatzes, toben die Jungs im Wohnwagen, zum Bäcker sind sie nicht gefahren.

Herr L. will nicht wieder aus der Haut fahren und dafür Kritik von seiner Frau einstecken. Er hat eine Idee. Wortlos setzt er sich aufs Rad und holt Brötchen. Er bringt allerdings nur für die Eltern Brötchen mit. Die irritierten Söhne erfahren vom Vater, dass sie offenbar keine Brötchen wollten (sonst wären sie ja zum Bäcker gefahren) und heute das restliche Brot vom Vortag essen könnten. Die Mutter ist mit dieser Konsequenz nicht einverstanden. Sie winkt ihren Mann in den Wohnwagen und sagt leise, sodass es die Söhne nicht hören können: »Sollen wir etwa die Brötchen essen, während Leo und Luca das harte Brot von gestern essen sollen?«

Herr L. nickt. »Klar, sie sollten ja die Brötchen holen, warum nicht? Mit warmen Worten kommst du bei den beiden nicht weiter. Die beiden tanzen dir doch oft genug auf der Nase herum!«

Frau L. schüttelt den Kopf, sagt aber nichts mehr, und alle setzen sich zum Frühstück hin. Es wird wenig gesprochen, Leo und Luca sind heute auffallend ruhig am Tisch, Frau L. hat keinen Appetit und lässt ihre frischen Brötchen unangetastet. Nur Herr L. lässt es sich schmecken. Die Jungen fragen nach einer Weile ihre Mutter, ob sie ihre Brötchen essen dürfen …

Dieses Fallbeispiel zeigt ein typisches Konfliktmuster zwischen Eltern im Urlaub. Dort prallen die unterschiedlichen Erziehungsstile der Eltern besonders heftig aufeinander. In diesem – recht häufig vorkommenden – Fall wird der Vater von der Mutter als zu streng, hart und aggressiv empfunden, die Mut-

ter vom Vater als zu geduldig, weich und inkonsequent wahrgenommen. Mit der gegenseitigen Kritik setzten sich die Eltern
schachmatt.

Urlaube sind für Familien oftmals nicht »die schönsten
Wochen des Jahres«, sondern mit Stress, Frust und Konflikten
verbunden. Die Urlaubssituation konfrontiert die Familie mit
Kindern von heute auf morgen mit der vorübergehenden Auflösung der gewohnten Familienrituale und Abläufe. Die Kinder
sind nicht mehr im Kindergarten und der Schule, der Vater (wie
gegebenenfalls auch die Mutter) geht nicht mehr der gewohnten
Berufstätigkeit nach. Plötzlich ist die Familie auf engem Raum,
meistens in einer fremden Umgebung, Tag und Nacht zusammen. Diese vielen Veränderungen können schnell überfordern,
zumal wenn nicht geklärt ist, wer nun für was zuständig ist.
Gerade in Sachen Kindererziehung treten dann häufig Konflikte
zwischen den Eltern auf und eskalieren nicht selten.

Wie werden Eltern ein Dreamteam?

Wenn Paare Eltern werden, lernen sie sich neu kennen. Wesentliche Aspekte der Persönlichkeit, die zuvor im Hintergrund geblieben sind, treten nun zutage. Die Familiengründung, die Aufgaben als Vater und Mutter, die Belastungen des Alltags mit Kind und die gegenseitigen Erwartungen an die Vater- und Mutterrolle sind Herausforderungen, die das Paar zu einem gut funktionierenden Team zusammenschweißen kann, aber sie führen auch zu bisher nicht gekannten Konflikten in der Beziehung.

Diesen Veränderungsprozess in der Paarbeziehung hat es immer gegeben. Aber warum erleben Eltern diese Situation heute oft als ernste Krise und warum scheinen die Konflikte heute häufiger und heftiger zu sein als in früheren Zeiten? Die Zunahme von Elternkonflikten hängt paradoxerweise mit zwei positiven gesellschaftlichen Entwicklungen zusammen:

· der Gleichberechtigung von Mann und Frau in der Familie und
· der Veränderung der Vaterrolle.

Die Gleichberechtigung von Mann und Frau in der Familie

In der traditionellen Familie, wie sie bis in die späten 1970er-Jahre hinein bestand, nahm der Mann eine gesicherte Familienvorstandrolle ein, die mit einer hierarchisch übergeordneten Position nicht nur den Kindern, sondern auch der Ehefrau gegenüber verbunden war. Wenn die Frau neben dem Haushalt und der Kindererziehung wieder berufstätig werden wollte, bedurfte es noch bis Mitte der 1970er-Jahre der formalen Zustimmung des Mannes, er konnte z. B. noch bis 1977 (Ehe- und Scheidungsrechtsreform) ein Dienstverhältnis der Ehefrau fristlos kündigen, wenn die »Tätigkeit der Frau die ehelichen Interessen beeinträchtigte«. Bis zum Inkrafttreten des Gleichberechtigungsgesetzes 1957 besaß der Mann sogar die alleinige »Erziehungsgewalt«, auch wenn er praktisch kaum an der Erziehungsarbeit beteiligt war.

Vor diesem gesellschaftlichen Hintergrund wird deutlich, warum es bei unterschiedlichen Auffassungen zu Erziehungsfragen wenige offene Konflikte gab, da im Zweifelsfall der Mann Recht hatte. Auch wenn der Vater in einer Form erzieherisch tätig wurde, die der Mutter nicht gefiel, hielt sie sich mit Kritik meist zurück, um einen Konflikt zu vermeiden. Sicherlich gab es in diesen Verhältnissen auch des Öfteren stille Mutter-Kind-Bündnisse gegen den Vater, aber die väterliche Autorität verhinderte zumeist offene gegenseitige Kritik und damit eskalierende Auseinandersetzungen zwischen den Eltern, wie sie heute häufig vorkommen.

Im Zuge der tatsächlichen Gleichberechtigung von Frau und Mann in der Familie gilt die von den Ehegatten einvernehmlich festgelegte und praktizierte Arbeitsteilung, und die Eltern stehen vor der nicht immer leichten Aufgabe, als »gleichgestellte Geschäftsführer« in allen Familienfragen (also auch bei der Kindererziehung) einen Konsens zu suchen und eine gute Abstimmung zu erreichen.

Vom distanzierten Ernährer zur vertrauten Bezugsperson: Die Veränderung der Vaterrolle

In welcher Situation befindet sich der heutige Vater in der modernen Familie? Seine formale Autorität als Vater ist erloschen, auch ist er nur noch selten der Alleinernährer der Familie. Frau und Mann können und müssen sich heute Erwerbs- und Familienarbeit individuell und in verschiedenen Familienphasen neu aufteilen.

Diese offenen Rollen bieten Vätern die Chance, eigenständige, tragfähige Beziehungen zu den Kindern aufzubauen. Ihre stärkere Beteiligung bei der Betreuung und Erziehung der Kinder ist nicht nur der Wunsch vieler Mütter, sondern auch im Interesse vieler Männer. Sie können heute in der Familie stärker präsent sein, mehr Verantwortung tragen und sich an der Kindererziehung aktiv beteiligen. Die partnerschaftlich ausgeübte Betreuungs- und Erziehungsarbeit stärkt also die Beziehung des Vaters zu den Kindern. Sie erhöht jedoch auch den Abstimmungsbedarf.

Teamtest

Manchmal ist es den Eltern nicht bewusst, dass sie uneinig handeln, sich gegenseitig schwächen und von den Kindern gegenseitig ausgespielt werden. Ein einfacher Teamtest schafft hier Klarheit: Wenn die Kinder in der Gegenwart *beider* Eltern als schwieriger, respektloser und renitenter erlebt werden als in Gegenwart *eines* Elternteils, muss das Elternteam deutlich verbessert werden. Je größer der Unterschied, desto schwächer ist das Elternteam.

Dies sind die negativen Auswirkungen des erhöhten Konfliktpotenzials zwischen den Eltern:

- Die Kinder erhalten weniger Zuwendung.
- Die negativen Eltern-Kind-Interaktionen nehmen zu.
- Die Eltern sind weniger konsequent Kindern gegenüber.
- Die Kinder stehen unter einem Koalitionsdruck.

Die psychischen und psychosomatischen Folgen bei den Kindern sind z. B.:

- Einnässen
- Alpträume
- Depressivität
- geringeres Selbstwertgefühl
- körperliche Beschwerden.

Die Folgen hinsichtlich des Sozialverhaltens sind:

- Verhaltensauffälligkeiten (aggressives Verhalten, sozialer Rückzug, Schulprobleme)
- Vermehrte Regelverletzungen.

Der Umgang mit unterschiedlichen Erziehungsstilen

Es fällt leichter, ein gutes Elternteam zu bilden, wenn von folgenden Voraussetzungen ausgegangen wird:

Die unterschiedlichen Verhaltensstrategien von Müttern und Vätern sollten als unterschiedliche Stärken betrachtet werden, die sich positiv ergänzen. Einfühlungsvermögen hilft, die Kinder zu verstehen, ihnen Zuwendung, Unterstützung und Trost entgegenzubringen. Durchsetzungsvermögen hilft, ohne schlechtes Gewissen Grenzen zu setzen, Forderungen zu stellen und konsequent zu sein.

Kinder können mit unterschiedlichen Verhaltensstrategien und Erziehungsstilen gut umgehen, wenn eine Bedingung erfüllt ist: Die Eltern akzeptieren sich in ihren Unterschieden oder tolerieren diese zumindest. Mit unterschiedlichen Persönlichkeiten umgehen zu lernen, verschiedene Verhaltensmuster und -strategien kennen zu lernen, ist nicht nur zumutbar für die Kinder, es erhöht auch das Differenzierungsvermögen im Umgang mit Beziehungen und verbessert damit die soziale Kompetenz.

Der Kampf um den »Stein der Weisen« in der Kindererziehung hat oft sogar schlimmere Folgen, als sie in Familien zu beobachten sind, wo Eltern sich in einem »verbesserungswürdigen Erziehungsverhalten« einig sind. Auf dieser Basis fällt es leichter, folgende effektive Teamregeln einzuführen, die den gegenseitigen Respekt wahren, problematische Bündnisse zwischen einem Elternteil und dem Kind gegen den anderen Elternteil verhindern und Verhaltensauffälligkeiten bei Kindern vorbeugen.

Teamregeln

1. Wer zuerst auf das Kind reagiert, hat Recht.
Diese Regel sollte in Situationen Anwendung finden, in denen spontan auf das Kind reagiert wird. Eine spontane Entscheidung ist oft nicht unbedingt eine optimale Entscheidung. Jedoch ist die gegenseitige Kritik in der Regel problematischer als eine pädagogisch verbesserungswürdige Entscheidung.

2. Wer für das Kind momentan zuständig ist, hat Recht.
Insbesondere im Hinblick auf die »randständigen« Väter ist es empfehlenswert, klare zeitliche Zuständigkeiten oder auch Zuständigkeitsbereiche festzulegen. Derjenige, der z. B. für das Zubett bringen zuständig ist, kann es auf seine Weise tun. Bei unterschiedlichen Auffassungen, z. B. über Tischmanieren, können gerade und ungerade Kalendertage abgesprochen werden, an denen bei den Mahlzeiten im Wechsel Mutter und Vater zuständig sind. Die positiven Auswirkungen solcher tolerierten unterschiedlichen Sicht- und Handlungsweisen versetzen viele Eltern immer wieder in Erstaunen.

3. Wer beim Durchsetzen von Regeln Schwierigkeiten hat, wird vom Partner unterstützt.
Wenn das Kind Aufforderungen eines Elternteils ignoriert, während der andere anwesend ist, sagt dieser: »Deine Mutter/dein Vater hat dir etwas gesagt, tu das bitte.«

Diese Regel empfiehlt sich insbesondere dann, wenn Eltern, die sich bisher gegenseitig kritisiert und korrigiert haben, den Kindern gegenüber nun einen »Schulterschluss« demonstrieren müssen, um als starkes Team wahrgenommen zu werden.

Was ist im Drei-Generationen-Verhältnis zu beachten?

Großeltern sind für die Enkel wichtige Bezugspersonen; die Enkel wiederum stellen für die Großeltern eine Bereicherung ihres Lebens, eine Quelle der Lebensfreude und Energie dar. Die Eltern erleben durch die Großeltern Entlastung und Unterstützung. Allerdings müssen einige Voraussetzungen erfüllt sein, damit das Drei-Generationen-Verhältnis seine positiven Wirkungen entfalten kann. Wenn die Familienhierarchie nicht stimmt, werden die Beziehungen belastet, die Kinder verlieren den Respekt den Eltern gegenüber, und Spannungen und Konflikt zwischen allen Familienmitgliedern sind die Folge.

Wenn die Großeltern bei der Betreuung der Kinder nennenswert mitwirken oder sogar drei Generationen unter einem Dach leben, müssen die Großeltern anerkennen, dass sie ihren erwachsenen Kindern gegenüber nicht mehr die Elternposition einnehmen. Die Eltern tragen die Verantwortung für ihre Kinder, die Großeltern betreuen – strukturell betrachtet – die Enkelkinder »nur« im Auftrag der Eltern.

Selbstverständlich dürfen die Großeltern die Kinder ein wenig verwöhnen und ihren eigenen Stil im Umgang mit ihnen pflegen. Wie bereits dargelegt, können Kinder mit unterschiedlichen Erziehungsstilen problemlos umgehen. Allerdings sollten die Großeltern die Eltern nicht kritisieren oder elterliche Regeln missachten. Wenn die Großeltern den Eltern in den Rücken fallen, schmieden sie – ob sie es bewusst anstreben oder nicht – mit den Enkelkindern ein Bündnis gegen die Eltern. Die negativen Folgen sind Respektlosigkeit und Regelverletzungen bei den Kindern, Konflikte zwischen Eltern und Großeltern und oft auch die Paarbeziehung bedrohende Spannungen zwischen den Eltern, da oft der Elternteil, dessen Eltern als Großeltern mitwirken, zwischen dem Partner und den Großeltern vermitteln möchte.

Insofern gelten die o. g. Teamregeln in dieser Konstellation nur bedingt: Die Eltern dürfen im Zweifelsfall die Entscheidungen der Großeltern zurücknehmen und den Großeltern bestimmte Rahmenbedingungen der Betreuung vorgeben (z. B. Süßigkeiten- und Fernsehkonsum). Umgekehrt ist das jedoch problematisch.

Was gilt es in Patchworkfamilien zu beachten?

Bringen beide Partner Kinder mit in das neue Familiensystem, so gibt es in der Regel eine Balance auf der Elternebene: Beide sind leibliche Eltern und »Stiefeltern«, beide sind für die Kinder zuständig und erlauben sich auch gegenseitig, die Kinder zu erziehen.

Bringt der Mann Kinder mit, so wird der neuen Partnerin in der Regel vom Vater die Erziehungskompetenz übertragen. Kommt der Mann ohne eigene Kinder in ein Mutter-Kind-System, so muss den Kindern von der Mutter mitgeteilt werden, dass der neue Partner ebenfalls Erziehungskompetenz besitzt. Partner, die diese Zuständigkeit nicht zugesprochen bekommen oder nicht übernehmen möchten, bleiben in der Position des »Freundes« oder »großen Bruders« den Kindern der Frau gegenüber. Diese Rolle führt in der Regel zu vielen Konflikten.

Auch für Patchworkfamilien gilt: Die leiblichen Eltern sollten sich weiterhin gegenseitig respektieren und in ihren unterschiedlichen Erziehungsstilen akzeptieren.

Was müssen Alleinerziehende beachten?

Alleinerziehende haben es scheinbar in diesem Punkt leichter als andere Eltern, da eine Abstimmung im Alltag nicht notwendig ist. Allerdings fehlen auch der ergänzende männliche oder weibliche Part, der Austausch, die Entlastung, Unterstützung und klärende Diskussion. Durch die große Belastung, den Lebensunterhalt, die Erziehungsarbeit und Hausarbeit allein bewältigen zu müssen, entsteht schnell das Gefühl, als Mutter oder Vater zu wenig Zeit für die Kinder erübrigen zu können. Das damit verbundene schlechte Gewissen führt oft zu Verwöhnung, zu großer Nachgiebigkeit und Inkonsequenz den Kindern gegenüber. Außerdem sollten Alleinerziehende darauf achten, den Kindern einen vorurteilsfreien Blick auf den abwesenden Elternteil zu ermöglichen. Manchen Eltern fällt das nach der Trennung sogar leichter als während der zermürbenden Streitigkeiten vor der Trennung.

Auch da, wo kein Kontakt zum anderen Elternteil besteht, sollte von diesem nicht negativ, abwertend und herabsetzend gesprochen werden.

Elternschaft bei Trennung oder Scheidung

Bei gravierenden Paarkonflikten und nach Trennung oder Scheidung besteht die wichtigste Aufgabe darin, die Elternschaft gemeinsam fortzusetzen. Wir müssen uns als Eltern darüber bewusst sein, dass Mutter und Vater für ein Kind identitätsstiftend sind. Es bezieht aus seinen genetischen Grundlagen nicht allein seine biologische, sondern auch seine psychische Identität. Kinder brauchen Mutter und Vater als Wurzeln und Nährboden ihrer Existenz. Nur, indem sie beide Eltern in sich aufnehmen können, erhalten sie die nötige Kraft für eine positive Entwicklung und die Grundlage für eine stabile Identität.

Da, wo ein Elternteil abwesend ist, ein Kontakt unmöglich oder vermieden wird, kann der andere Elternteil dazu beitragen, dass dem Kind der innere Zugang zur zweiten Hälfte seiner Existenz möglich ist, indem er dessen Bedeutung für die Kinder respektiert. So kann etwa nach dem Tod eines Elternteils der Verlust besser verarbeitet werden, wenn der verbleibende Elternteil den verstorbenen vor den Kindern immer wieder würdigt. Dieser »Platz« sollte dem anderen Elternteil ganz unabhängig davon zugestanden werden, was er für die Kinder leistet oder geleistet hat und welche Konflikte die Eltern als geschiedenes Paar noch auszutragen haben. Kinder möchten beide Eltern achten können und benötigen eine positive Sicht auf beide Eltern, um psychisch stabil zu bleiben.

Die Paarbeziehung als Basis
der Elternbeziehung

Die heutige Stellung des Kindes in der Familie führt oft zu einer Dominanz der Elternschaft (vor allem bei den Müttern) über die Partnerschaft. Die Paarbeziehung wird oft mit Beginn der Elternschaft vernachlässigt. Die Versorgung der Kinder drängt die Zeit zu zweit und auch die persönlichen Bedürfnisse (insbesondere der Frau) in den Hintergrund.

Zeit für die Paarbeziehung, Zeiten des Vaters für die Kinder und Zeiten, die jeder für sich allein (ohne Familienpflichten, ohne Kompromisse mit den Familienbedürfnissen schließen zu müssen) verbringen kann, ergeben sich nicht automatisch, sie müssen geplant, reserviert und miteinander ausgehandelt werden. Zahlreiche Konflikte, unterschwelligen Spannungen und chronische Belastungen können vermieden werden, wenn diese drei Zeitkontingente im Blick behalten und berücksichtigt werden.

Insbesondere die Zeit zu zweit kommt oft zu kurz. Wenn der Stresspegel sehr hoch ist und die Unzufriedenheit mit dem Partner steigt, da jeder vom anderen Verständnis und Entlastung erwartet, ohne ihm selbst das Erwartete geben zu können, sind Paare wenig motiviert, gemeinsame Auszeiten zu organisieren. Aber gerade dann ist diese Zeit besonders wichtig: um sich wieder aus einem anderen Blickwinkel wahrnehmen zu können, um aus dem Kreislauf von unerfüllten Erwartungen, Unverständnis und Vorwürfen herauszufinden.

Da die Stabilität der Ehe heute – im Unterschied zu früheren Zeiten – ausschließlich von der Stärke der emotionalen Bindung abhängt, sind die Entwicklung gemeinsamer Interessen und die Verbundenheit durch seelische und körperliche Intimität die wichtigsten Quellen des familiären Zusammenhaltes geworden.

Teil 3: Das Wichtigste in Kürze

Problematische Familienstrukturen

Unklare Hierarchien zwischen Eltern und Kindern

Machtkämpfe zwischen Eltern und Kindern

- Die Kinder behandeln ihre Eltern respektlos, beschimpfen sie und flippen aus.
- Die Eltern fragen die Kinder nach deren Meinung – oder deren Bereitschaft, etwas zu tun – auch dann, wenn sie eigentlich etwas durchsetzen wollen.
- Die Eltern diskutieren mit ihren Kindern, bis sie entnervt nachgeben oder aggressiv werden.

Die Mittelpunktstellung der Kinder in der Kleinfamilie

- Gespräche zwischen den Eltern sind in Gegenwart der Kinder kaum möglich, sie werden von den Kindern regelmäßig unterbrochen.
- Die Kinder ziehen häufig die Aufmerksamkeit der Erwachsenen auf sich.
- Die Kinder werden wichtiger als der Partner.

»Verstrickte«, d. h. zu enge Eltern-Kind-Beziehungen

- Die Eltern sprechen, handeln und entscheiden für ihre Kinder auch da, wo diese in der Lage wären, es selbst zu tun.
- Angemessene Abgrenzungsschritte der Eltern lösen Mitleid und ein schlechtes Gewissen gegenüber den Kindern aus.
- Die Kinder reagieren auf diese Abgrenzungen mit Aggressivität, Ängstlichkeit oder beleidigten Reaktionen.

Konflikte zwischen den Eltern und Eltern-Kind-Koalitionen

- Die Eltern diskutieren häufig über das »richtige« Erziehungsverhalten und kritisieren sich gegenseitig.
- Ein Elternteil bildet mit den Kindern ein Bündnis gegen den anderen Elternteil.
- Die Kinder sind in Gegenwart eines Elternteils leichter zu lenken, halten sich besser an Regeln und sind weniger aggressiv als in Gegenwart beider Eltern.

Die randständige Position der Väter

- Die Mütter trauen und muten den Vätern keine eigenständige Betreuung der Kinder zu.
- Die Väter nehmen sich für ihre Kinder viel weniger Zeit, als es der Beruf erlauben würde.
- Die Kinder klammern sich an die Mütter, lehnen die Betreuung durch die Väter ab.

Die unklare Hierarchie zwischen Eltern, Großeltern und Kindern

- Die Großeltern bilden mit den Enkelkindern ein Bündnis gegen die Eltern.
- Die Eltern lassen sich von den Großeltern der Kinder kritisieren und dominieren.
- Ein Elternteil bildet mit den eigenen Eltern ein Bündnis gegen den anderen Elternteil.

Was Kinder wirklich brauchen

Die Bedürfnishierarchie

Die Darstellung heutiger Erziehungsprobleme macht deutlich, wie elementar notwendig für Kinder Halt, Orientierung und Sicherheit sind und dass diese Basis für das Funktionieren einer Familie die unerlässliche Voraussetzung bildet.

Plausibel wird der Stellenwert dieses Faktors anhand der Darstellung der »Bedürfnishierarchie« (nach Abraham Maslow). Danach sind die Bedürfnisse des Menschen in Stufen gegliedert. Sie stellen eine Rangfolge dar: Das bedeutet, dass die »niederen« Bedürfnisse befriedigt sein müssen, bevor die »höheren« berücksichtigt und erfüllt werden können:

1. Die Basis bilden die physiologischen Bedürfnisse nach Luft, Wärme, Wasser, Schlaf, Nahrung, Körperkontakt.
2. Darauf aufbauend folgt das Sicherheitsbedürfnis nach Schutz, Stabilität, Rhythmus/Regelmäßigkeit, Verlässlichkeit, Bindung, Orientierung, Grenzen, Struktur.
3. Danach folgt das Bedürfnis nach Zugehörigkeit zu einer Familie oder Gruppe und nach Zuneigung und Liebe.
4. Die höheren Bedürfnisse nach Achtung, Selbstverwirklichung und Erkenntnis (Wertschätzung, nützlich zu sein, gebraucht zu werden, Würde, Stärke, Macht, Identität, Sinn) bilden die letzte Stufe in der Bedürfnishierarchie.

Diese Rangfolge verdeutlicht, dass zuerst die Bedürfnisse nach Halt, Orientierung und Sicherheit befriedigt sein müssen, bevor die Bedürfnisse nach Zuneigung und Liebe gestillt werden können. Ohne genügend Schutz, Verlässlichkeit, Orientierung und

Grenzen kann Liebe und Zuneigung vom Kind nicht voll angenommen werden.

Schaffen Sie »Ordnung« in Ihrer Familie

- Kinder müssen Mutter und Vater lieben und achten können.
  Also sollten auch die Eltern sich gegenseitig als Mutter und Vater respektieren – unabhängig davon, was jeder Einzelne für die
  Kinder tut und wie sie als Mann und Frau zueinander stehen,
  damit Kinder in keine Loyalitätskonflikte gestürzt werden und
  sich mit beiden Eltern identifizieren können.
- Mutter und Vater sollten sich gegenseitig bestätigen und sich in
  ihren voneinander abweichenden Erziehungsstilen tolerieren.
- Die Eltern müssen die Kinder lenken, nicht umgekehrt.
- Die emotionale Abhängigkeit der Kinder von den Eltern sollte
  größer sein als die der Eltern von den Kindern.
- Die Grenze zwischen den Generationen muss klar sein. Kinder
  sollten nicht in die Position eines Elternteils rücken oder mit
  einem Elternteil ein Bündnis gegen den anderen Elternteil ein-
  gehen.
- Jedes Kind sollte sich seines Platzes in der Familie sicher sein.
- Die Hierarchie in der Geschwisterfolge sollte beachtet werden.
- Die sozialen und emotionalen Grundbedürfnisse des Kindes
  nach
  – Sicherheit (geschützt sein, Orientierung erhalten),
  – Geborgenheit (dazu gehören) und
  – Anerkennung (geachtet werden)
  sollten erfüllt werden.
- Wenn diese Grundbedürfnisse nicht oder nur mangelhaft be-
  friedigt werden, äußert sich das bei Kindern, die keinen sicheren
  Platz in der Familie haben oder die eine unangemessen zentrale
  Position innehaben, dadurch, dass sie

- ständig Aufmerksamkeit einfordern,
- sich hilflos und bedürftig geben,
- sich in Gefahr bringen,
- sich überschätzen/unterschätzen,
- häufig die Regeln verletzen,
- sich zurückziehen,
- sich verweigern,
- aggressiv sind,
- sich bedienen lassen,
- andere herumkommandieren,
- sich wie kleine Tyrannen verhalten.

Freundlichkeit und Bestimmtheit

Die Basis einer positiven und stabilen Eltern-Kind-Beziehung beruht auf der Verbindung von Freundlichkeit und Bestimmtheit (Festigkeit, Klarheit, Verlässlichkeit).

Reifer Erziehungsstil: Freundlichkeit und Bestimmtheit

Die Kinder fühlen sich akzeptiert und geschätzt. Sie werden angemessen gefordert und unterstützt. Sie erhalten Orientierung und Sicherheit; sie erlernen Respekt, Regeln und Grenzen und entwickeln ein gesundes Selbstwertgefühl.

Paradoxer (autoritärer) Erziehungsstil: Unfreundlichkeit und Bestimmtheit

Die Kinder fühlen sich abgelehnt und geringschätzig behandelt. Sie werden gefordert, aber wenig unterstützt. Sie erlernen vor allem Anpassung und Unterordnung, verbunden mit einem geringen Selbstwertgefühl.

Naiver Erziehungsstil: Freundlichkeit und Unbestimmtheit

Dieser, heute von ca. 50 Prozent der Eltern praktizierte Erziehungsstil offenbart den Versuch, die Elemente der »autoritären Einstellung« zu vermeiden.

Die Kinder werden unterstützt, aber zu wenig gefordert. Sie erhalten wenig Orientierung, da sich die Eltern in erster Linie an den Kindern orientieren. Diese testen laufend ihre Grenzen aus, verlieren den Respekt vor den Erwachsenen und werden zu kleinen Tyrannen.

Da diese freundliche Grundhaltung bei den auftauchenden problematischen Verhaltensweisen der Kinder nicht durchzuhalten ist, fallen die Eltern entweder in den autoritären Erziehungsstil zurück oder resignieren als Eltern.

Gleichgültiger Erziehungsstil: Unfreundlichkeit und Unbestimmtheit

Die Kinder fühlen sich abgelehnt. Sie werden wenig unterstützt und wenig gefordert. Sie erhalten keine elterliche Orientierung und werden aggressiv und chaotisch.

Wie Kinder lernen, ihre Eltern zu achten

- Mutter und Vater sollten sich gegenseitig achten und bestätigen und in ihren unterschiedlichen Erziehungsstilen respektieren.
- Da, wo die Eltern die Verantwortung für Entscheidungen übernehmen, sollten Diskussionen mit Kindern vermieden werden. Eine kurze Erklärung reicht. Es geht nicht darum, sich das Einverständnis der Kinder zu holen.
- Diskutieren sollten Eltern mit ihren Kindern nur, wenn sie an deren Meinung wirklich interessiert sind und eine Entscheidung noch offen und von den Kindern beeinflussbar ist.
- Die Eltern müssen möglichst klar entscheiden, was sie die Kinder entscheiden lassen möchten. Sie sollten die Kinder nicht mehr bestimmen lassen, als ihnen wirklich recht ist. Diese Entscheidungen können auch energisch und emotional engagiert vertreten werden. Kinder, die Entscheidungen in Frage stellen, sollten spüren, dass ihre Eltern fest entschlossen sind.
- Da, wo die Eltern die Überzeugungen, Einstellungen und Meinungen der Kinder kennen lernen möchten, sollten sie auf Bewertungen, Kritik, Ermahnungen, Moralpredigten u. Ä. verzichten, stattdessen zuhören und in Diskussionen die eigene Überzeugung vertreten, ohne die Kinder zu belehren.
- Die eigene Position sollte klar und eindeutig von den Eltern vertreten werden, Entscheidungen sollten freundlich und bestimmt getroffen werden, ohne überzeugen zu wollen. Damit zeigen Eltern, dass sie von sich und ihrer Vorbildfunktion überzeugt sind.
- In Auseinandersetzungen sollten die Eltern die Atmosphäre bestimmen, d. h. sich von den Kindern innerlich abgrenzen, auf Ablehnung, Wut und Vorwürfe nicht eingehen, sich nicht recht-

fertigen und verteidigen und nicht mit eigener Wut und Vorwürfen reagieren. Auch emotional sollten die Eltern das Kind lenken – nicht umgekehrt.

- Da, wo die Eltern ihre Kinder entscheiden lassen, müssen diese die Konsequenzen tragen lernen, ohne Mitleid, aber auch ohne Vorwurf von Seiten der Eltern – auch dann, wenn die Konsequenzen schmerzlich sind.

- Den Kindern sollte ziel- und lösungsorientiert mitgeteilt werden, was sie tun sollen – und nicht, was sie nicht tun sollen.

- Wenn Kinder zu einem Verhalten aufgefordert werden sollen, dürfen Eltern keine Frageform wählen (die Frage »Würdest du den Müll hinausbringen?« passt nur, wenn auch ein Nein akzeptiert werden kann).

- Worte durch entschiedenes klares Handeln zu unterstreichen, gibt ihnen Gewicht. Endlose Wiederholungen von Aufforderungen, Schimpftiraden und Gardinenpredigten sind Energieverschwendung und lassen Kinder immer dickfelliger und respektloser werden.

- Kindern sollten Aufgaben übertragen werden, an denen sie wachsen können, sodass sie sich als wichtig, fähig und nützlich für die Familie erfahren.

- Kinder sollten Pflichten übernehmen, da ein Zusammenleben aus Geben und Nehmen besteht. Nehmen ohne zu geben ist für Säuglinge und Kleinkinder reserviert.

Nobody's perfect

Bei allen Verhaltensstrategien, Familienregeln und Konsequenzen reichen 80 Prozent, um eine stabile Basis für eine funktionierende Familienkommunikation zu erhalten. Bis zu 20 Prozent Inkonsequenz, Uneinigkeit mit dem Partner und unklare Botschaften an die Kinder können wir Eltern uns zugestehen, ohne dass das Unternehmen Familie aus dem Ruder läuft. Diese goldene Regel in der Paar- und Familienkommunikation wurde in Langzeituntersuchungen ermittelt.

Wenn allerdings neue Strukturen gesetzt werden müssen, Teufelskreise durchbrochen und elterliche Konsequenz von Grund auf entwickelt werden muss, ist es erforderlich, vorübergehend 150 Prozent zu bringen. Genauso wie ein gebrochenes Bein kurzzeitig geschient und eingegipst werden muss, damit es wieder eine stabile Knochenstruktur erhält und belastbar wird, müssen einige Maßnahmen zur Stabilisierung der Familienstruktur vorübergehend sehr konsequent umgesetzt werden, um nachhaltige Verbesserungen zu erreichen.

Zu guter Letzt

Humor hilft, emotionale Distanz zu halten, strahlt Verbundenheit und Souveränität aus. Die Atmosphäre verbessert sich oft schlagartig, da Spannungen aufgelöst werden.

Internetseiten für Familien

Deutschland

Familienhandbuch des Staatsinstituts für Frühpädagogik
Ein Online-Familienhandbuch, das Fragen zu Erziehung, Gesundheit, Förderung, Schule, Beruf und Freizeit beantwortet; hrsg. v. W. E. Fthenakis und M. R. Textor.
www.familienhandbuch.de

Eltern im Netz
Behandelt alle Themen rund um die Familie, von A wie Adoption bis Z wie Zwillinge; hrsg. v. Bayerischen Landesjugendamt.
www.elternimnetz.de

Kinderschutz
Alles über das neue Kinder- und Jugendhilfegesetz: Fortbildungen, Informationen und Presserundschau; hrsg. v. Institut für Soziale Arbeit e.V.
www.kindesschutz.de

Väter
Eine informative Webseite zu den Themen Geburt, Kinder, Partnerschaft, Beruf, Netzwerke und Väter-Projekte; hrsg. v. Vaeter e. V.
www.vaeter.de

Blinde Kuh
Eine Suchmaschine für Eltern und Kinder, die einen kindgerechten Umgang mit dem Internet ermöglicht.
www.blinde-kuh.de

Die Gesetze des Schulerfolgs
Ein schulbezogenes Elterntraining. Grundgedanken: »Unsere
Kinder können mehr. Alle wollen lernen. Jeder ist gut in irgend-
etwas. Niemand soll beschämt werden. Eltern und Lehrer sind
Partner.« Hrsg. v. Adolf Timm und Prof. Dr. Klaus Hurrelmann
www.elterntraining-schulerfolg.de

PALME – Präventives Elterntraining für alleinerziehende
Mütter geleitet von ErzieherInnen
Wird in verschiedenen Städten Deutschlands in Kooperation mit
Kindertagesstätten durchgeführt. Es ist in erster Linie für allein-
erziehende Mütter mit Kindern im Vor- oder Grundschulalter
entwickelt worden; hebt in seinen Inhalten auf die besonderen
Belastungen in dieser Zielgruppe ab.
www.palme-elterntraining.de

Powerkids
Von Ärzten, Psychologen und Ernährungsexperten entwickel-
tes Ernährungsprogramm für Kinder zwischen 8 und 12, die
ein bisschen schlanker werden möchten: »Für Kids, die ein paar
Pfunde mit sich herumschleppen, die sie gerne los werden wollen.«
www.powerkids.de

SCHAU HIN
Seite für Eltern, die mit Kindern die Medienwelt entdecken. Enthält viele Informationen, Studien und Tipps. Initiiert vom Bun-
desministerium für Familie, Senioren, Frauen und Jugend.
www.schau-hin.info

Forschungsinstitut für Kinderernährung Dortmund (FKE)
Das FKE untersucht die Zusammenhänge zwischen Ernährung,
Wachstum und Stoffwechsel von Kindern und Jugendlichen mit

dem Ziel, durch eine verbesserte Ernährung Gesundheit und Entwicklung im Wachstumsalter zu fördern.

www.fke-do.de

Familienwegweiser

Informationen des Bundesministeriums für Familie, Frauen, Senioren und Jugend zu den Themen: Förderung & Finanzierung, Arbeitswelt, Betreuung, Erziehung, Recht, Gesundheit und Beratungsangebote.

www.familien-wegweiser.de

Arbeitskreis Neue Erziehung

Der Arbeitskreis Neue Erziehung e. V. (ANE) will Eltern unabhängig von ihrer sozialen oder ethnischen Herkunft darin unterstützen, ihre Kinder zu selbstbewussten und wachen Mitgliedern einer demokratischen Gesellschaft zu erziehen.

www.ane.de

Deutsches Jugendinstitut

Forschung über Kinder, Jugendliche und Familien an der Schnittstelle zwischen Wissenschaft, Politik und Praxis; mit Informationen zu Forschungsprojekten, Publikationen, Stellungnahmen, Veranstaltungen, Datenbanken u. a.

www.cgi.dji.de

Bundesforum Familie

Ein Zusammenschluss von über 100 bundesweit tätigen Organisationen (Familien- und Wohlfahrtsverbände, Stiftungen, Gewerkschaften, Arbeitgeberverbände, Religions- und Weltanschauungsgemeinschaften). Gemeinsames Ziel ist es, »für eine familienfreundliche Gesellschaft aktiv Verantwortung zu übernehmen und die strukturelle Rücksichtslosigkeit gegenüber Familien zu beseitigen«.

www.bundesforum-familie.de

Elementarbildung – Bildung und Erziehung in Kindesbetreuung
Umfasst Informationen zu Kindertagespflege und Tageseinrichtungen für Kinder im Alter von 0 bis 12 Jahren, von der Tagesmutter/Kinderkrippe über den Kindergarten bis zum Hort.

www.bildungsserver.de

Deutschland/Österreich/Schweiz

Praxis-Verzeichnis Erziehungs-, Schul-, Lern- u.
Entwicklungsberatung
www.praxis-info.ch/erziehungsberatung.htm

Praxis-Verzeichnis Paarberatung und Paartherapie,
Familienberatung und -therapie
www.praxis-info.ch/familienberatung.htm

Österreich

Familienberatung
Familienservice des Bundesministeriums für Wirtschaft, Familie und Jugend; mit über 390 Familienberatungsstellen, die Unterstützung und Beratung in Krisensituationen und Informationen zur Vorbeugung (präventive Aufklärungsarbeit) anbieten-
www.familienberatung.gv.at

Elternbildung
Die Seite des Bundesministeriums für Wirtschaft, Familie & Jugend bietet neben Informationsbroschüren und CDs auch Ver-

129

anstaltungskalender, Diskussionsforum und Experten-Chat zu aktuellen Schwerpunktthemen.

www.eltern-bildung.at

Die Kinderfreunde
Traditionsreiche Organisation mit Familienakademie, Elternbildung und Eltern-Kind-Zentren; bietet einen Überblick über die Dienstleistungsangebote der einzelnen Organisationssteile zu den Bereichen Familie, Schule, Freizeit, Soziales. Einen besonderer Schwerpunkt dabei bilden die Bereiche Kinderschutz und Kinderrechte.

www.kinderfreunde.at

Familienforschung
Das Österreichische Institut für Familienforschung (ÖIF) an der Universität Wien stellt als gemeinnütziges Institut Informationen und fundiertes Wissen über die familialen Lebenswelten zur Verfügung.

www.oif.ac.at

Schweiz

Zentrum für kleine Kinder GmbH
Logopädische Praxis, die sich auf die Unterstützung von kleinen Kindern in ihrer sprachlichen, sozial-kommunikativen und spielerischen Entwicklung sowie die Begleitung ihrer Eltern spezialisiert hat.

www.kinder.ch

Verband für systemische Paar- und Familientherapie/-beratung (VEF)
Diese Seite bietet neben allerlei Tipps und Hinweisen u. a. eine Liste von Beratungsstellen und eine Online-Beratung.

www.v-e-f.ch

Kinder-Chat

Ein Kinder-, Schüler-, Jugend- und Elternportal mit Tipps für Eltern zum richtigen Umgang mit dem Medium Internet.

www.kinderchat.ch

Literatur

Asen, E. (2008): So gelingt Familie. Hilfen für den alltäglichen Wahnsinn. Heidelberg (Carl-Auer).

Aust-Claus, E. u. P. M. Hammer (1999): Das ADS-Buch. Aufmerksamkeits-Defizit-Syndrom. Düsseldorf (Oberstebrink).

Biddulph, S. (2001): Jungen! Wie sie glücklich heranwachsen. München (Beust).

Cube, F. von (2003): Fordern statt verwöhnen. Die Erkenntnisse der Verhaltensbiologie in der Erziehung. München (Piper).

Dreikurs, R. u. L. Grey (2000): Kinder lernen aus den Folgen. Wie man sich schimpfen und strafen sparen kann. Freiburg (Herder).

Fthenakis, W. E. u. M. R. Textor (2002): Mutterschaft, Vaterschaft. Weinheim (Beltz).

Hannig, B. (o. J.): Elternbriefe. Elternbrief 1: Die nonverbale Erziehung. Elternbrief 2: Sorgende Mütter – nervende Kinder. Elternbrief 3: Wut, Geschrei und Tränen. Elternbrief 4: Unruhige Kinder – schlaflose Nächte. Selbstverlag. Bezugsadresse: Hebammenpraxis Würzburg, Moltkestraße 7, 97082 Würzburg.

Ochs, M. u. R. Orban (2008): Familie geht auch anders. Wie Alleinerziehende, Scheidungskinder und Patchworkfamilien glücklich werden. Heidelberg (Carl-Auer), 2. Aufl., 2011.

Prekop, J. (1995): Der kleine Tyrann. Welchen Halt brauchen Kinder? München (Kösel).

Rech-Simon u. Simon 2008): Survival-Tipps für Adoptiveltern. Heidelberg (Carl-Auer), 2. Aufl., 2010.

Renz-Polster, H. (2009): Kinder verstehen. Born to be wild: Wie die Evolution unsere Kinder prägt. München (Kösel), 4. Aufl., 2011.

Röhrbein, A. (2009): Mit Lust und Liebe Vater sein. Gestalte die Rolle deines Lebens. Heidelberg (Carl-Auer).

Rotthaus, W. (2006): Wozu erziehen? Entwurf einer systemischen Erziehung. Heidelberg (Carl-Auer), 6. Aufl.

Schweizer, Chr. u. J. Prekop (1995): Das Hyperkinetische Syndrom. Was unsere Kinder unruhig macht. München (Kösel).

Spitzer, M. (2006): Vorsicht Bildschirm. Elektronische Medien, Gehirnentwicklung, Gesundheit und Gesellschaft. München (dtv).

Ulsamer, B. (1999): Ohne Wurzeln keine Flügel. Die systemische Therapie von Bert Hellinger. München (Goldmann).

Über den Autor

Achim Schad, Studium der Sozialpädagogik; Zusatzausbildung in Systemischer Kurzzeittherapie (Schwerpunkt Familientherapie); bis 2006 Fachbereichsleiter in der kommunalen Familienbildungsstätte Wuppertal; seit 2006 Fachbereichsleiter und Projektleiter in der Bergischen Volkshochschule Solingen/Wuppertal; seit 1990 freiberufliche Tätigkeit als Bildungsreferent sowie als Paar- und Familientherapeut.

Kontakt: *www.achim-schad.de*

Ben Furman

Gut gemacht!

Das „Ich schaffs!"-Programm für Eltern und andere Erzieher

99 Seiten, Kt, 2. Aufl. 2014
ISBN 978-3-89670-859-5

Dieses Buch, das auf dem bekannten Motivationsprogramm „Ich schaffs!" beruht, ist nicht nur für Eltern geschrieben, sondern auch für Großeltern, Onkel, Tanten, Lehrer, Erzieher – kurz: für alle, die sich an der Erziehung von Kindern beteiligen.

Der finnische Psychiater Ben Furman vermittelt in klaren Worten und gut nachvollziehbar fünf lösungsorientierte Schlüssel, die das Verhältnis zwischen Erwachsenen und Kindern verbessern helfen. Sie zeigen

- wie man Kinder richtig lobt (das ist nicht so einfach, wie man denkt)
- wie man Kinder dazu bringt, das zu tun, was man von ihnen erwartet (ohne Schreien, Überreden oder Drohungen)
- wie man als Erziehender mit anderen Erwachsenen gut kooperiert
- wie man Kindern helfen kann, Probleme zu überwinden, und
- wie man konstruktiv auf Situationen reagiert, in denen Kinder etwas Falsches oder Verbotenes getan haben.

Ein optimistisches Buch mit vielen praktischen Tipps, die die Freude am Umgang mit Kindern steigern – auch dann, wenn sie einmal besonders schwierig scheinen.

„Ein Buch, das Freude an der Erziehung bringt."

Dipl.-Psych. Melchior Fischer
M.E.G.a.Phon, 9/2012

 Carl-Auer Verlag • www.carl-auer.de

Rolf Arnold

Wie man ein Kind erzieht, ohne es zu tyrannisieren

29 Regeln für eine kluge Erziehung

172 Seiten, Kt, 2. Aufl. 2014
ISBN 978-3-89670-777-2

Erziehung ohne Beziehung ist wie Schwimmen ohne Wasser – man kann keine Kinder erziehen, zu denen man nicht in einer wirklichen Beziehung steht. Ob eine Erziehungsmaßnahme wirksam ist, hängt von der Art der Beziehung ab.

Der Pädagoge Rolf Arnold räumt hier mit vermeintlichen Erziehungsidealen auf: Es gibt keine partnerschaftliche Erziehung, und unsere Kinder sind nicht unsere Freunde – sie sind etwas anderes und mehr. Kinder brauchen unsere erwachsene Stimme, sie brauchen Zuwendung und Führung. Erziehung muss Sicherheit vermitteln und Perspektiven schaffen, aber auch Grenzen markieren.

Rolf Arnold hat in diesem Buch 29 Regeln für eine kluge, wirksame Erziehung zusammengestellt. „Interventionen" wie der Fünf-Finger-Check, das Erziehungs-makroskop oder der Erziehungsreflektor eröffnen nicht nur in alltäglichen Situationen neue Handlungsmöglichkeiten. Als besonders hilfreich erweisen sie sich dort, wo sich Eltern und Lehrkräfte mit ihrer bisherigen Weisheit am Ende glauben.

„Ein hervorragender Ratgeber sowohl für Eltern als auch für Lehrkräfte, der in aller Kürze und Übersichtlichkeit sehr gut die entscheidenden pädagogischen Haltungen wie auch konkrete Mittel für den Umgang vor allem mit Jugendlichen aufzeigt."
Martina Kindsmüller, Erziehungsberatung aktuell

 Carl-Auer Verlag • www.carl-auer.de

Brian M. Alman

Weniger Stress – mehr Kindheit

Ein Stressbewältigungsprogramm für Kinder, ihre Eltern und Lehrer

107 Seiten, Kt, 2016
ISBN 978-3-8497-0108-6

Den „ganz normalen Wahnsinn" erleben auch Kinder und Jugendliche: Leistungsdruck in der Schule, Auseinandersetzungen mit Gleichaltrigen und Konflikte in der Familie gehören zu ihrem Alltag. Dieses Buch gibt Heranwachsenden eine einfache Methode an die Hand, die ihnen hilft, stressige Situationen zu bewältigen und Spannungen abzubauen. Sie basiert auf der Vorstellung eines „inneren Kinos" und regt dazu an, Erlebtes aus unterschiedlichen Perspektiven jeweils neu zu betrachten. Diese innere Distanzierung führt zu Entspannung und Gelassenheit.

Auf eine Einführung für Eltern und Lehrer folgt die Erklärung des Ansatzes in leicht verständlicher und kindgerechter Sprache. Der Übungsteil enthält 36 illustrierte Antistressübungen, die eingängig sind und die Fantasie ansprechen.

Kinder und Jugendliche erwerben mit dieser Methode einen lebenslang wirksamen Schatz an Fähigkeiten zur Entspannung, Reflexion, Festigung des Selbstvertrauens und zur Stressbewältigung.

Carl-Auer Verlag • www.carl-auer.de

Christel Rech-Simon | Fritz B. Simon

Survival-Tipps
für Adoptiveltern

214 Seiten, Kt, 3. Aufl. 2014
ISBN 978-3-89670-654-6

In Deutschland werden jährlich ungefähr 5000 Kinder adoptiert. Die Mehrheit der Adoptivfamilien entwickelt sich wie andere Familien auch – mit kleineren oder größeren Problemen, wie sie zum Leben gehören. Ein Teil der Adoptiveltern aber findet sich zusammen mit ihren Kindern in einem Drama wieder, auf das sie nicht vorbereitet waren. Diesen Familien „am Rand des Nervenzusammenbruchs" bieten Christel Rech-Simon und Fritz B. Simon lebensnahe Hilfestellung an.

Die Autoren blicken aus zwei Richtungen auf das Thema: als Adoptiveltern und als erfahrene Psychotherapeuten. Ihre „Survival-Tipps" sind keine einfachen Patentrezepte. Sie benennen zuallererst die „Tänze", zu denen sich Eltern von ihren Kindern nicht „einladen" lassen sollten. Das erfordert in erster Linie eher, das Falsche zu unterlassen als das Richtige zu tun. Diesem „Don't" fällt überraschenderweise das eine oder andere aus pädagogischer und psychologischer Sicht vermeintlich „richtige" Erziehungsverhalten zum Opfer.

Viele authentische Fallbeispiele ergänzen die wissenschaftlichen Erkenntnisse und konkreten Tipps. Das Buch macht deutlich, dass Mütter und Väter auch scheinbar ausweglosen Krisensituationen nicht hilflos ausgeliefert sind. Sie können etwas tun – auch wenn dies oft etwas anderes ist, als gemeinhin angenommen und erwartet wird.

„Ein absolut gelungenes Werk. Wir als Eltern eines leiblichen und zweier Adoptivkinder fühlten uns beim Lesen so richtig verstanden!"

Monika und Manfred Uhl

 Carl-Auer Verlag • www.carl-auer.de

Peter Carnavas

Die wichtigen Dinge

*Mit einem Vorwort
von Christel Rech-Simon*

*36 Seiten, Gb, 2015
ISBN 978-3-8497-0067-6*

Christophers Mutter hat ganz schön viel zu tun. Sie muss alles alleine machen, denn Christophers Vater ist aus ihrem Leben verschwunden.

Eines Tages bringt sie die zurückgelassenen Sachen des Vaters zum Trödelladen. Doch schon wenige Tage später geschieht Merkwürdiges: Notenblätter, ein Schlapphut, Hausschuhe, eine alte Tasse tauchen nach und nach wieder an ihrem Platz auf ...

Einfühlsam, mit wenigen Worten und wunderbaren Illustrationen zeigt Peter Carnavas, wie unterschiedlich wir mit Verlust umgehen und wie bedeutsam scheinbar unwichtige Dinge dabei sein können.

🐦 **Carl-Auer Verlag • www.carl-auer.de**